MADEMOISELLE

D'AVREMONT.

MADEMOISELLE D'AVREMONT

— MONSIEUR MARGERIE —

PAR

HENRI RIVIÈRE

PARIS

MICHEL LÉVY FRÈRES, ÉDITEURS

RUE AUBER, 3, PLACE DE L'OPÉRA

LIBRAIRIE NOUVELLE

BOULEVARD DES ITALIENS, 15, AU COIN DE LA RUE DE GRAMMONT

1872

MADEMOISELLE D'AVREMONT

I

La baie de Bourgneuf est la vaste et profonde échancrure comprise sur les côtes ouest
de France entre la presqu'île de Noirmoutiers
et l'embouchure de la Loire. Ouverte au vent
du large, d'un fond peu sûr, semée de redoutables écueils dont la plupart, même à la basse

marée, demeurent à fleur d'eau, elle n'offre en hiver qu'une rade inhospitalière et dangereuse, mais en été elle est riante et animée. Les grands rochers se couronnent de fleurs et d'arbustes, et la plage sablonneuse, que le flux et le reflux de l'Océan bordent d'un liséré d'argent, se dore aux rayons du soleil. A l'extrémité sud, le bois de la Chaise, qui s'étend par d'agrestes et verts sentiers jusqu'à la ville de Noirmoutiers, fait face à la petite ville de Pornic. Le plus souvent, la saison des bains étant celle de la pêche, un aviso de l'État et les péniches placées sous ses ordres sillonnent la rade en tout sens ou restent mouillés devant la ville. A la droite de Pornic, de jolies maisons de campagne se disséminent au flanc des coteaux ou sur le bord même de la baie. Parmi ces maisons, il en est une assez remarquable qu'on appelle le Petit-Château. C'est, à vingt pieds au-dessus de la mer, sur un entablement de roches, une construction toute moderne, mais de style féodal. Le corps de logis, composé d'un rez-de-chaussée et d'un premier étage, relie l'une à l'autre deux étroites tourelles garnies de créneaux. La façade principale donne sur une terrasse ceinte de parapets à balustres d'où l'on descend droit à la mer par un escalier de pierre. A marée haute, les embarcations accostent à l'escalier même, et dans les mauvais temps les embruns de la lame rejaillissent jusqu'aux fenêtres de la maison. Tout alentour, le terrain, bossué de roches, n'a aucune végétation, ce qui imprime à ce site un caractère particulier de sauvagerie et de nudité.

Toutefois le Petit-Château tirait surtout son originalité de la femme qui l'habitait. Mademoiselle Lucienne d'Avremont, après avoir été longtemps célèbre dans la province, était depuis quelques années fort remarquée à Paris. A vingt-sept ans, elle était d'ailleurs dans tout l'éclat d'une beauté splendide, un peu masculine. Grande, bien faite, d'une démarche assurée et rapide, elle avait un visage accentué, vigoureux,

le nez aquilin, les yeux très-noirs sous des sourcils arqués et touffus, le front haut et d'admira-
bles cheveux. Toute sa physionomie eût été d'une
extrême énergie, si sa bouche, aux lèvres doucement appuyées l'une à l'autre, n'eût accusé une
bonté exquise, la tendresse et les prompts retours de la femme. Mademoiselle d'Avremont,
après avoir perdu sa mère de très-bonne heure,
avait été élevée fort librement par son père,
ancien magistrat de la Restauration et homme de
cour. Elle avait passé son enfance et sa première
jeunesse au Petit-Château. Aussi les paysans et
les pêcheurs ne l'appelaient-ils que mademoiselle
Lucienne. Ils l'avaient vue tant de fois courir en
barque avec eux, et pendant les pluvieuses journées d'octobre ou de novembre, les jambes nues,
un grand chapeau ciré sur la tête, pêcher la cre-
vette avec leurs femmes! En revenant de ces
longues courses, Lucienne retrouvait au Petit-
Château la compagnie de deux vieillards de l'ancien régime, dont la conversation spirituelle et

sceptique ne se gênait qu'à demi pour elle. L'un était son père, l'autre le chevalier de Rose-Croix. Le chevalier, un type disparu, sans avoir jamais eu un sou vaillant, avait toujours très-bien vécu à la table et dans l'intimité de ses amis. Ce n'était point, à proprement parler, un parasite ; c'était un commensal aimable dont les mœurs étaient faciles, la morale indulgente et l'esprit étincelant. De même que son père, Lucienne l'avait pris en affection et l'écoutait avec plaisir. Elle échappait du reste, par l'élan de sa jeunesse, de son imagination et de son cœur, à ce que la conversation de son père et du chevalier eût pu avoir de dangereux pour elle. Peut-être aussi était-elle sauvegardée par le sentiment très-vif que lui inspirait un troisième personnage, gentilhomme des environs, que M. d'Avremont recevait volontiers. Ce gentilhomme s'appelait M. de Tournières. Bien qu'il eût près de trente-cinq ans et que Lucienne en eût à peine dix-huit, il faisait sa cour à la jeune fille en lui témoignant

la plus respectueuse et la plus bienveillante affection. C'était un homme sans réelle chaleur de
cœur, à la fois caressant et réservé en paroles,
dont les façons empressées et courtoises ne se
d émentaient jamais. Il était toujours correcte-
ment mis, d'un abord discret et souriant, et
l'expression de ses traits n'obéissait qu'à sa volonté. Lucienne, qui vivait fort isolée, ne s'imagina pas qu'il pût songer à sa fortune, et se laissa
entraîner vers lui par la sympathie et la re-
connaissance. Ils en vinrent, par une pente in-
sensible, à confondre toutes leurs pensées d'avenir. Quand Lucienne eut vingt ans, il lui eût donc
semblé naturel que M. de Tournières la deman-
dât à son père ; mais, sans se départir en rien de
ses affectueux rapports avec elle, il ne le faisait
pas. C'est qu'il s'occupait alors assidûment d'une
jeune fille de Noirmoutiers, mademoiselle Verneuil, dont la fortune était supérieure à celle de
mademoiselle d'Avremont. Lucienne avait toutefois le secret pressentiment de ce qui se passait.

Quoiqu'elle ne fût pas très-clairvoyante, elle
s'apercevait que M. de Tournières hésitait à réaliser les projets qu'ils avaient formés ensemble.
Il en parlait toujours, mais ne se décidait point.
La jeune fille sut depuis par mademoiselle Verneuil que M. de Tournières tenait à l'égard de
celle-ci une conduite à peu près semblable ; mais
mademoiselle Verneuil, à qui l'affection de sa
mère ne manquait pas, n'avait point pris aussi
au sérieux que Lucienne les attentions de ce
très-habile coureur de dots. Deux ans à peu près
s'écoulèrent, et enfin tout d'un coup M. de Tournières épousa la fille d'un grand industriel qui
était beaucoup plus riche que mademoiselle Verneuil. Sa conduite, si logique qu'elle fût, révolta
Lucienne. Aussi, quand il vint apprendre son
mariage à M. d'Avremont, elle lui signifia qu'il
eût à ne jamais remettre les pieds dans la maison et à ne jamais la saluer, en quelque
endroit qu'il la rencontrât. Ce fut chez Lucienne le premier éclat de ce caractère ré-

solu dont elle allait bientôt donner d'autres preuves.

Cependant la conduite de M. de Tournières avait été pour elle une déception cruelle, et dès lors aussi se développa complaisamment l'ironique et froide appréciation des hommes et des choses dont les causeries de son père et du chevalier avaient déposé le germe dans son esprit. Lucienne se crut redevable à M. de Tournières d'une expérience précoce, vraie ou fausse, de la vie, et conclut de lui aux autres hommes avec ce sentiment absolu, sans tempérament d'aucune sorte, qui est à la fois la force et le défaut de la jeunesse. Le mariage ne lui apparut plus que comme un marché dont elle serait toujours la dupe ou comme un esclavage déguisé qu'elle serait incapable de supporter, et elle en rejeta loin d'elle la pensée. Sur ces entrefaites, M. d'A-vremont mourut. Sa longue retraite à la campagne, pendant laquelle ses capitaux avaient dormi et fructifié, constituait à Lucienne une

fortune considérable. Elle avait près de deux
cent mille livres de rente. Ce chiffre l'éblouit,
et elle songea dès lors avec un secret orgueil à
vivre en dehors des sentiers ordinaires dans
une complète indépendance. Elle s'imagina
de prouver qu'avec de la hardiesse dans l'esprit
et de la fierté dans le cœur une jeune fille peut,
en dépit des conventions et des préjugés, non-
seulement se faire une place dans le monde,
mais voir le monde à ses pieds.

Pour une femme comme elle, du projet à
l'exécution il n'y avait qu'un pas. Elle avait con-
servé près d'elle le chevalier de Rose-Croix, et
lui confia son dessein. Le chevalier, qui croyait
tout possible avec la richesse, l'y encouragea
fort. Quoique très-honnête, il ne se sentait pas
d'aise à l'idée de diriger à son gré cette grande
fortune et de mener enfin la vie de luxe qu'il
avait toujours rêvée. Il se fit donc avec empressement l'intendant et le conseil de mademoiselle
d'Avremont, et lui organisa la plus fastueuse

existence. Lucienne passait l'hiver à Paris, y recevait beaucoup, et, l'été, revenait à Pornic, où le Petit-Château était le centre de tous les plaisirs. Très-belle, d'une intelligence prompte, d'une grande originalité, fort coquette d'allures, mais au fond irréprochable dans sa conduite, ne marchandant jamais aux femmes les fêtes qu'elles lui demandaient, accueillant toujours les hommes avec un sourire, mademoiselle d'Avremont se vit de toutes parts entourée et courtisée. Néanmoins, de tous les hommes qu'elle rencontrait, aucun ne lui faisait battre le cœur. Ils lui paraissaient plus ou moins nuls, pas méchants, mais point bons. Elle ne saisissait en aucun d'eux l'ombre de cet idéal que les jeunes filles caressent et que l'extrême liberté de son existence n'avait fait qu'exagérer dans sa pensée. Ainsi donc, comme elle l'avait projeté, elle marchait seule, avec une confiance dans ses forces que rien n'ébranlait ni ne trompait. Cela dura cinq ans. Au bout de ce temps, Lucienne se sen-

tit prise d'un indéfinissable malaise et crut découvrir quelques nuages à son bonheur. Il lui
sembla que cette royauté du monde qu'elle avait
poursuivie et qu'elle exerçait ne lui apportait
plus autant que par le passé les hommages et
les respects auxquels elle avait droit. Certaines
nuances, qu'une femme bien élevée saisit toujours dans la considération qu'on lui accorde, la
frappèrent. Cette foule joyeuse que la bonne
grâce de son accueil et son grand luxe attiraient
chez elle y venait un peu bruyamment, comme
en un lieu de plaisir. Elle était de jour en jour
plus nombreuse en hommes qu'en femmes, et
ces dernières étaient surtout de celles que l'on
cite pour leur coquetterie ou leur beauté. Sa
plus intime amie d'enfance, Julie, qui s'était ri-
chement mariée à Paris, mais qui vivait assez
retirée auprès de son mari et de ses enfants,
venait parfois la visiter, et Lucienne s'étonnait
alors malgré elle de la retenue, du maintien, de
la candeur de cette jeune femme. Elle ne pou-

vait cependant s'empêcher de trouver madame
Durand charmante et de reconnaître que les
femmes de son entourage ne lui ressemblaient
point. Puisqu'elle ne voyait point celles qui
ressemblaient à Julie, elle devait évidemment
être pour ces femmes-là un peu à l'index. Cette
pensée importunait mademoiselle d'Avremont
au milieu de ses triomphes, et, bien qu'elle ne
s'y arrêtât pas, la froissait dans son orgueil;
mais elle passait outre, car autrement il lui eût
fallu se courber à ces simagrées de convention
dont elle s'était depuis trop longtemps affranchie
pour être capable d'en porter le joug. Elle se
rejetait par suite avec plus de vivacité dans ses
plaisirs de chaque jour. Toutefois ces plaisirs
lui coûtaient cher et lui causaient parfois, sinon
des embarras, du moins quelques préoccupations d'argent. Il est vrai que le chevalier de
Rose-Croix, emporté lui-même dans le tourbillon
avec le sans-façon d'un aimable grand seigneur,
ne s'inquiétait pas de telles misères et la rassu-

rait de son mieux. C'était au milieu de ces ennuis naissants et dans cette inquiète disposition d'esprit que mademoiselle d'Avremont venait de s'installer au Petit-Château pour passer à Pornic la saison des bains.

Au moment où s'ouvre ce récit, à trois heures de l'après-midi, Lucienne était à demi étendue sur une chaise longue dans le salon du rez-de-chaussée. Elle portait de hautes bottines jaunes lacées, une jupe de taffetas noir, une chemise rouge, et n'était coiffée que de ses abondants cheveux. Elle agaçait du pied un petit chien havanais, aussi blanc que la neige et ayant sur le sommet de la tête toute une houppe de poils entourée d'un ruban bleu. Le chevalier, droit et pimpant, vêtu en jeune homme, parcourait un journal.

— Chevalier, dit Lucienne, est-ce qu'il y a déjà des baigneurs à la plage?

Le chevalier de Rose-Croix s'approcha de la terrasse :

— Non, mademoiselle. D'ailleurs il n'est pas encore quatre heures.

Lucienne se leva, s'arrêta près d'une jardinière. — Chevalier, fit-elle tout d'un coup, je m'ennuie.

— Non, mademoiselle.

— Comment, non?

— Je veux dire que ce n'est point possible. Vous êtes jeune, vous êtes riche et belle. Vous vous êtes fait dans le monde, de par le droit de votre fortune et avec une fermeté de caractère toute virile, une position indépendante et très-rare, que les femmes envient et que les hommes respectent. Vous n'avez point de famille qui vous contrôle et vous gêne, vous n'obéissez qu'à vos fantaisies et à votre caprice. Il ne manque rien à la satisfaction de vos désirs; il manque peut-être à votre cœur une affection qui le remplisse ou l'occupe.

— N'ai-je point de bons amis? Julie et son mari, qui viennent d'arriver, vous, chevalier?

Le chevalier s'inclina. — Merci, mademoiselle, fit-il; mais je parlais moins de l'amitié que de l'amour.

— De l'amour! — Lucienne haussa les épaules. — Et, quand je ne me serais pas fait une loi de ne jamais aimer, qui voudriez-vous que j'aimasse?

— Ce ne sont pas les adorateurs qui feraient défaut.

Lucienne s'assit. — Dénombrez-les-moi, dit-elle négligemment, cela m'amusera.

— Il y a d'abord M. de Ksannec.

— Ah! oui, Bertrand de Ksannec, le Nemrod de la Bretagne, un grand chasseur selon Dieu, qui jusqu'à vingt-six ans avait vécu dans ses guérets, et qui, il y a deux ans, s'est pris de passion pour moi. Il n'avait porté que des guêtres et s'est mis à chausser des escarpins qui lui font mal aux pieds. Il s'emprisonne les mains dans des gants qu'il fait craquer lorsqu'il meurtrit, en vous le serrant, le petit doigt qu'on lui

abandonne. Dans ses vêtements débraillés, c'é-
tait un Bas-de-cuir assez réussi ; dans ses ha-
bits de ville, il est ridicule.

— Et M. Anatole Leiritz ? reprit le chevalier.
Ce n'est pas un sauvage, celui-là !

— Non, c'est un jeune homme fort bien mis
et avant tout amoureux de lui-même. Je ne l'ai
pas pris au sérieux, et il ne m'en a point voulu.
Je lui rends service. La passion coquette qu'il
affiche pour moi le pose dans le monde.
Il y tient comme à un nœud de cravate bien
fait.

Le chevalier sourit. — Allons, fit-il, je passe
condamnation pour les deux ; mais, s'il vous
faut des soupirants moins hommes des bois ou
plus sérieux, vous avez M. Dourbal.

— Peuh ! fit Lucienne en allongeant les lèvres. Un banquier !

— Oui, mais l'homme du monde a si bien dé-
teint sur le Turcaret qu'il ne reste presque plus
rien de ce dernier. Il s'est formé le goût en

achetant des tableaux, et il est devenu homme
d'esprit à jouer le rôle de Mécène. Ce n'est pas
d'un sot. De plus, il ne se vante pas d'être sorti
du peuple et ne parle jamais de l'argent qu'il a
gagné. Il a le mérite d'être millionnaire et sait
l'art de ne le point paraître.

— A propos de cela, que dit-on de lui comme
banquier? Est-il vraiment très-riche?

— Il l'était hier et l'est aujourd'hui. Il est probable qu'il le sera demain.

— Est-ce un homme en qui l'on puisse avoir
confiance?

— Oui, tant qu'il gagnera de l'argent.

— A-t-il des chances d'en gagner longtemps?

— Peut-être. Tant qu'on aura confiance en
lui.

Lucienne demeura un instant pensive.—Vous
avez raison, chevalier, fit-elle; on ne peut pas
dire autre chose d'un banquier. Après lui, je
crois que la liste de mes adorateurs est close.

— Ah! répondit le chevalier, vous oubliez le

dernier venu, et vous êtes une ingrate. M. Dally me paraît avoir les qualités que les autres n'ont pas et ne pas avoir les défauts qu'ils ont.

— Il me plaît en effet, dit simplement Lucienne. Il n'est point banal. C'est la première fois que je vois de près un officier de marine.

A ce moment, un domestique apporta plusieurs lettres sur un plateau.

— Ah! fit Lucienne, c'est le courrier. Voyez cela, je vous prie, chevalier.

Le chevalier décacheta deux ou trois lettres, et son front se rembrunit.

— Qu'est-ce? demanda Lucienne.

— Ce sont des fournisseurs qui demandent de l'argent ou font des offres de service.

Mademoiselle d'Avremont n'insista pas. — Et cette dernière enveloppe magistrale?

Le chevalier l'ouvrit. — C'est de votre notaire.

— Lisez-la moi.

Le chevalier se mit à lire : — Chère demoiselle, je vous envoie ci-contre et sur votre demande un état récapitulatif de votre fortune, qui monte à un million en biens-fonds, pour lequel j'ai trouvé acquéreur. Quant au remploi de cette somme, si vous avez toujours l'intention de vendre, je ne vous conseillerais de le faire qu'en valeurs solides, rentes sur l'État, etc. Je ne suis pas assez de mon siècle pour croire aux placements qui rendent plus de cinq du cent.

— Il est fossile, interrompit Lucienne. Continuez, chevalier.

Le chevalier reprit : — J'ai donc le regret de vous annoncer, ainsi que vous pouvez vous en rendre compte par les pièces ci-annexées, que votre fortune a bien diminué depuis cinq ans, puisque vous possédiez, en outre de ce million en biens-fonds demeuré intact, vingt mille livres de rente en propriétés mobilières. Aussi ne puis-je m'empêcher de vous adresser quelques conseils de prudence qui vous offenseront peut-être, mais que vous pardonnerez, je l'espère, à l'ancien et dévoué serviteur de votre famille.

— C'est tout? demanda Lucienne.

— Oui, mademoiselle.

Elle reprit avec hauteur : — Je n'aime ni la morale ni les conseils. Vous écrirez à maître Heurtault de conclure la vente et de tenir les fonds à ma disposition. Je ne laisserai que cent mille francs chez lui pour ne pas avoir tout à fait l'air de le quitter. Préparez-moi la lettre, je la signerai. Passez - moi donc tout ce grimoire de comptes.

Elle les parcourut quelques minutes. — Ainsi, dit-elle, en cinq ans j'ai dépensé quatre cent mille francs, et avec les intérêts près de quatre-vingt mille francs de plus que mes revenus. Comment cela s'est-il fait?

— Vous vouliez éblouir Paris de votre luxe, vous y avez réussi.

— Oui, fit Lucienne, avec des victoires à la Pyrrhus. Encore cinq ans de pareils triomphes, et je serai ruinée. Mon cher chevalier, je crois qu'il faut dételer.

— Dételer, non, repartit doucement M. de Rose-Croix ; il suffira d'enrayer.

Mademoiselle d'Avremont se leva et jeta les papiers sur une table. — Bast, dit-elle, ne nous occupons plus de cela, il y a toujours remède aux plaies d'argent.

Comme elle prononçait ces derniers mots, sa femme de chambre, Martine, entra rapidement avec un visage tout étonné. — Mademoiselle, dit-elle, je viens de voir madame Priston à deux pas de la grille.

— Gabrielle ici ! s'écria Lucienne ; par quel hasard ? Mais va donc vite au-devant d'elle. Puis se tournant vers le chevalier : — Ainsi c'est convenu. Écrivez à mon notaire. Cherchez aussi M. Dourbal et dites-lui que je l'attends. Je ne serais pas fâchée de causer avec lui.

Presque aussitôt madame Priston arrivait.

Elle embrassa Lucienne et tendit la main au chevalier, qui partait.

Elle dit alors à Lucienne :

— Il me paraît toujours drôle, votre chevalier de Rose-Croix. Je croyais qu'il n'y avait plus de chevaliers.

— Cela se fait rare ; mais c'est comme les carlins, il y en a toujours : il ne s'agit que de bien chercher.

— Il n'y a que vous pour avoir eu une semblable idée... une idée excellente d'ailleurs. Un homme tel que celui-là flotte entre le sigisbée et l'intendant. C'est comme le premier chambellan d'une petite cour d'Allemagne : il tient les comptes et donne le bras. Vous coûte-t-il cher?

— Je n'en sais rien. Il a pris chez moi ses invalides et se les arrange à sa guise; mais, chère belle, me direz-vous comment vous êtes à Pornic au lieu d'être à Dieppe? Il faut être comme moi à demi Bretonne pour venir dans ce sauvage pays. Asseyez-vous et contez-moi cela.

Madame Priston s'assit. C'était une jolie petite femme, vive et câline, aux cheveux blonds, aux yeux charmants, mais sans franchise. Très-

folle en apparence de ton, de paroles et de maniè-
res, elle était au fond très-positive et se trahissait
quelquefois malgré elle par un mot naïf, mais
d'une portée toute personnelle. Elle avait l'air
un peu embarrassé et se taisait.

— Eh bien? interrogea Lucienne.

Madame Priston releva ses yeux, qu'elle tenait
baissés, et y mit une caresse en regardant mademoiselle d'Avremont.

— Tant pis, dit-elle, je laisse de côté toute di-
plomatie. Je viens ici pour vous proposer de vous
marier.

— Me marier, moi? grand Dieu! s'écria Lucienne. Et avec qui?

— Avec M. de Tournières.

— Et vous venez de sa part? demanda froidement Lucienne.

— Oui.

— Est-ce qu'il est ruiné?

— Ah! voilà un mot cruel. Il n'est pas ruiné
du tout; il a perdu, il est vrai, sa femme, mais

elle lui à laissé vingt mille livres de rente. De plus il est secrétaire du ministre, ce qui peut le mener loin.

— Qu'il y aille. C'est là qu'il sera le mieux pour lui et pour moi.

— Ainsi vous le refusez ?

— Comment donc! avec enthousiasme.

Il y eut entre les deux femmes un instant de silence. Lucienne paraissait attendre que madame Priston parlât de nouveau ; celle-ci hésitait à le faire. A la fin cependant elle murmura :

— C'est donc un parti pris contre lui ?

— Contre lui surtout, fit Lucienne, mais aussi contre tout autre. Voyons, chère petite, continua-t-elle avec enjouement, vous êtes veuve, tenez-vous à votre liberté ?

— Si j'y tiens ! s'écria madame Priston.

— Alors, puisque votre indépendance vous est si chère, pourquoi voulez-vous me priver de la mienne ?

— C'est, reprit madame Priston, que la liberté

d'une fille n'est point celle d'une veuve. Tenez, nous sommes au bord de la mer, je puis bien vous faire une comparaison maritime. Pour moi, une fille est comme ces jolis navires admirablement prêts à tout ce que les hasards de la mer ont de charmant, et qui ne peuvent sortir du port faute de pavillon.

— Mais, chère Gabrielle, il me semble que vous êtes dans le même cas que moi ; vous n'avez plus de pavillon.

— Si fait ; une veuve, cela navigue sous pavillon neutre.

Madame Priston se mit à rire.

— Que vous êtes heureuse, fit Lucienne en riant elle-même, d'être toujours gaie comme cela !

— Un dernier mot seulement : ce pauvre de Tournières ne s'attend pas à être si franchement éconduit ; il pensait que le temps lui aurait valu l'absolution de ses fautes.

— Il s'est trompé.

— Cependant s'il venait lui-même à Pornic,

comme il en a l'intention, et qu'il se présentât chez vous, consentiriez-vous à le recevoir?

— Très-volontiers. En dehors du mariage, il ne me déplaît point, et j'aurai même, je vous l'avoue, quelque curiosité à le revoir.

Madame Priston se leva.

— Merci, je suis heureuse de ne m'en point aller avec un échec complet.

— Tant mieux, fit Lucienne en souriant, si vous vous contentez de cela... Mais vous partez?

— Je le crois bien. Il faut que je m'habille pour aller à la plage.

— Faites-vous belle ; vous aurez là beaucoup d'hommes et de femmes pour vous passer en revue.

Madame Priston revint à Lucienne.

— A propos d'hommes, savez-vous qui j'ai aperçu en longeant le quai?

— Non.

— Un officier de marine, le commandant du garde-pêche, m'a-t-on dit. Il était à demi couché sur les coussins de son canot; c'est un jeune homme de trente à trente-deux ans qui m'a paru très-bien.

— Vraiment! Si vous voulez faire la conquête du commandant du *Sylphe,* vous le rencontrerez chez moi. Je vous ferai prévenir quand il y sera.

— Pourquoi ne le gardez-vous pas pour vous?

— Est-ce que je m'occupe de cela? fit Lucienne. C'est bon pour vous autres femmes.

— Et qu'êtes-vous donc?

— Un grand garçon qui marche sans lisières.

— Ma chère, dit madame Priston en s'en allant, prenez un bourrelet, c'est-à-dire prenez un mari; on peut toujours tomber, et au moins, quand on tombe, on ne se fait pas de mal.

II

Après le départ de madame Priston, Lucienne demeura un instant soucieuse. Elle se sentait en proie aux atteintes de ce malaise qui l'avait déjà saisie. Le souvenir évoqué de M. de Tournières, les ouvertures que Gabrielle lui avait faites, la lettre de son notaire, sa fortune amoindrie, les expédients auxquels elle allait peut-être recourir pour continuer son train de vie, lui causaient une réelle impression de froid et de souffrance. Rien encore n'était changé dans son existence, et cependant elle s'y trouvait plus seule et plus exposée que jamais. Toutefois elle réagit comme d'habitude contre cette inquiète émotion qui l'envahissait, et, quittant la fenêtre où elle avait appuyé son front contre les vitres en regardant vaguement devant elle, elle se dit que tout cela était un enfantillage dont il ne fallait pas s'occuper.

En se retournant, elle aperçut par la porte entre-bâillée du salon une jeune femme qui lui disait en souriant :

— Peut-on entrer?

— Certainement qu'on peut entrer, lui cria Lucienne. Arrive donc, ma bonne Julie.

Et lui prenant les mains avec effusion :

— Tiens, j'ai du plaisir à voir ton bon sourire, tes beaux cheveux châtains et tes grands yeux bleus.

Mais madame Durand continua d'un air comiquement alarmé :

— Elle ne va pas revenir au moins?

— Ah! fit Lucienne, je vois ce que c'est. Tu t'es rencontrée avec cette folle de Priston.

— Précisément. D'où sort-elle? Est-ce qu'elle

te relance jusqu'ici ? Comme si ce n'était pas assez de la voir à côté de toi, à Paris, tout l'hiver.

— Elle te déplaît donc bien ?

— D'abord. Puis je n'aime pas à te voir aussi souvent avec une pareille femme. Elle te compromet. C'est une femme légère.

— Oh ! voilà le grand mot lâché.

— Mais, reprit madame Durand, elle n'est pas seulement légère dans l'acception indulgente qu'on peut donner à ce mot. Elle est dans une situation fausse dont elle se plaît encore, par ses dépenses et son peu de réserve, à exagérer les apparences.

— Tu veux dire qu'elle n'a d'autre fortune que celle de son oncle ?

— Justement.

— Eh bien ! après ?

— Après ! il y a que son oncle, M. de Nerlac, est à peine son oncle, puisqu'il n'était que le mari de sa tante. Il y a que M. de Nerlac est veuf, et que, quoique vieillard, il est resté homme de plaisir. Il y a enfin que cette parenté, qui n'en est pas une, n'explique point suffisamment ses prodigalités envers sa nièce, et qu'on ne peut croire facilement à une affection purement désintéressée de sa part.

— Ma pauvre Julie, tu te fais là l'écho des calomnies du monde !

— C'est possible. Aussi ne répéterais-je pas devant le monde ce que je te dis à toi. Je ne trouve pas étonnant que tu reçoives madame Priston, puisqu'en général on la reçoit ; mais je voudrais ne point la voir dans ton intimité. Précisément à cause de ta liberté d'allures et de conduite, peu ordinaire chez une fille, tu as besoin, pour ne point être attaquée, de vivre dans une maison de verre. Madame Priston met des rideaux à tes fenêtres.

Les sourcils de Lucienne se rapprochèrent légèrement.

— J'ai toujours, dit-elle, dédaigné l'opinion

du monde, et ne m'en suis pas mal trouvée. Je continuerai.

— Alors, ma chère Lucienne, sois toujours riche, et surtout n'aime personne.

C'était toucher au secret malaise de Lucienne. Aussi répondit-elle d'une voix brève :

— Sois tranquille, je saurai m'arranger pour garder ma fortune, et, ce qui est plus facile encore, mon cœur.

Elle se tut un moment, mais elle craignit d'avoir blessé madame Durand et ajouta plus doucement :

— Sais-tu d'ailleurs, toi qui accuses Gabrielle, ce que cette femme si légère est venue faire à Pornic? Elle est venue me proposer de me marier.

— Ce n'est pas déjà un si mauvais conseil, répondit Julie en souriant; mais d'avance je n'ai qu'une médiocre confiance dans le mari qu'elle t'a proposé.

— Et tu as raison. C'était simplement M. de Tournières, et je l'ai refusé.

— Comment a-t-il osé se représenter ? Est-ce que tout n'était pas rompu entre vous?

— Si fait. Seulement il se sera imaginé retrouver chez la femme de vingt-sept ans le cœur de la jeune fille de dix-huit. Peut-être aussi a-t-il relu un petit paquet de lettres enfantines qui lui est resté de notre liaison. Nous avons échangé en effet en diverses occasions pendant de courtes absences une correspondance très-naïve, mais très-affectueuse de ma part, et de la sienne empressée et bienveillante. Je n'ai pas jugé à propos de lui redemander ces lettres, quoique, à vrai dire, il me soit désagréable de les lui savoir entre les mains.

— Il vaudrait mieux qu'il ne les eût pas ; mais lui, l'as-tu jamais revu?

— Oui, une seule fois, et ceci est plus drôle. Tu sais que je lui avais défendu de jamais me saluer. Il s'était soumis fort humblement à mes volontés ; mais il y a cinq ans, quelque temps après la mort de mon père, il eut l'imprudence

de venir à moi. Le moment était mal choisi.
C'était au bois, dans une halte. Je ne sais à quel
mouvement de désordre intérieur j'obéis, mais
je ne lui répondis qu'en le cinglant de ma cravache. On a dit que je lui avais coupé la figure,
cela n'est pas. J'en avais bien l'intention, mais
je n'attrapai que son chapeau. Il n'y revint plus.
C'est cette aventure-là qui m'a valu ma réputation d'excentricité et de caractère intraitable.

— Quelle Bradamante tu fais, chère Lucienne! s'écria madame Durand. A te voir si
vaillante et si forte dans la vie, avec un tel dédain de tout et de tous, je reste étonnée et craintive, et je ne sais si je dois te plaindre ou t'ad-
mirer.

Lucienne répondit naïvement :

— Moi non plus, par instants je n'en sais
rien; mais ce que je sais, continua-t-elle avec
une certaine chaleur, c'est que je ne te plains
pas, toi qui es aimée de ton mari et de tes deux
enfants et qui les aimes. Tu es sans doute dans

la vraie destinée de la femme et plus heureuse
que moi.

— Mais, dit Julie, tu aurais pu, tu pourrais
faire comme moi.

Mademoiselle d'Avremont secoua la tête.

— Crois-moi, pauvre chère, reprit Julie, une
femme, si brillante qu'elle soit par la jeunesse
et la fierté, reste toujours femme par le cœur.
C'est par le cœur que tu souffriras, Lucienne.

Celle-ci ne répondit point d'abord.

— Tiens, fit-elle tout à coup avec une sorte
d'impatience attristée, ne parlons plus de cela.
Les bains de mer font-ils du bien à tes enfants?

— Oui, ils apprennent à nager, et c'est leur
père qui leur donne des leçons. Le commandant
du *Sylphe* les a emmenés hier au large dans sa
baleinière.

— Sais-tu, fit Lucienne, qu'il n'est guère em-
pressé à profiter de la permission que je lui ai
donnée de venir me voir, ton beau marin?

— Il n'y a que huit jours que je te l'ai présenté. N'est-il pas venu le surlendemain te faire une visite ?

— On ne l'a pas revu depuis.

— C'est tout simple. Il n'aura pas cru convenable de revenir si vite.

— Ah ! dit étourdiment Lucienne, ces autres messieurs ne se gênent pas tant : on ne les a pas plutôt invités qu'ils viennent tous les jours.

— Cela ne prouve qu'une chose, c'est que M. Dally est plus réservé qu'eux.

— Bah ! ils me traitent en femme pendant huit jours ou un mois, selon leur caractère ou l'espérance plus ou moins grande qu'ils ont de me plaire ; puis il leur vient la sagesse ou l'esprit de se résigner, et ils me traitent en camarade et en garçon. Justement voici de Ksannec et Leiritz. Ne sois pas trop sévère avec eux. Ils te trouveraient prude.

Bertrand de Ksannec et Anatole Leiritz venaient prendre mademoiselle d'Avremont pour le bain. Tous les deux étaient bien tels qu'elle

les avait dépeints. Bertrand, grand, fort, haut
en couleurs, était vêtu avec une élégance qui le
gênait. Il semblait que son corps et son esprit
ne dussent être vraiment à l'aise qu'en rase
campagne et dans les routes battues de la pensée. Anatole, mince et fluet, mis avec une recherche qui lui allait bien, était spirituel et intelligent; il menait le plus souvent son compagnon à sa guise. Tous deux avaient fait la cour à
Lucienne, et la lui faisaient même encore. Bien
qu'ils ne conservassent aucune espérance sérieuse de réussir auprès d'elle, ils restaient sous
le charme de cette jeune femme altière et bonne,
à la fois brusque et gracieuse, dont la coquetterie naïve et gaie avait par instants pour eux de
subits retours auxquels ils se trompaient. Ils se
défendaient mal alors d'un certain dépit, et se
dédommageaient de se voir éconduits par une
familiarité de propos et de ton que non-seulement Lucienne ne réprimait pas, mais à laquelle, pour se garantir peut-être d'obsessions

plus persistantes, elle avait paru les encourager.

Bertrand et Anatole donnèrent la main à Lucienne, saluèrent madame Durand, et l'on parla des petits événements de la veille et du jour.

— Hier, dit Anatole, il y a eu représentation à bord du *Sylphe.* Nous étions là avec plusieurs de ces dames. Dally fait jouer et parler ses *fantoccini* à merveille. Il est vrai qu'il est derrière son théâtre, et que, lorsqu'on ne le voit pas, il ose avoir toutes ses qualités et tout son esprit.

— Quoi! fit Lucienne, vous dites du bien de lui? Est-ce que par hasard il est de vos élèves, comme M. de Ksannec?

— Il y a certaines choses pour lesquelles il ferait bien de le devenir. C'est un étrange garçon. Il a été un de mes camarades de collége. Nous nous étions perdus de vue depuis quinze ans, quand nous nous sommes rencontrés l'autre jour. Plus nous causons, et plus il m'étonne. Il sait tout et ne sait rien. Ses opinions sur les femmes sont fort originales et quelquefois frappantes de profondeur et de justesse. Avec cela, une complète ignorance de notre monde. A côté de faits d'une incroyable hardiesse qu'on cite de lui, il découvre tout à coup une timidité, une réserve singulières.

Leiritz achevait à peine que le domestique ouvrit la porte et annonça le commandant du *Sylphe*.

Gaston Dally portait l'uniforme d'officier de marine. Il était de taille moyenne et bien prise. Ses cheveux, longs et châtains, bouclaient naturellement et encadraient avec grâce un front haut et pur, presque blanc, si on le comparait au reste du visage, hâlé depuis longues années par la mer et par le vent. Ses yeux noirs avaient une expression contenue de tendresse et d'énergie, ils semblaient rêver; mais en général les autres traits de la physionomie, accusés en lignes heureuses et fermes, le nez droit, la bouche délicatement fermée, le menton bien assis, avaient un attrayant caractère de distinction, de franchise et de bonté.

— Bonjour, commandant, lui dit cordialement Lucienne, on parlait de vous, et, ce qui arrive rarement aux absents, on faisait votre éloge.

— Si l'on veut, murmura Bertrand de Ksannec.

Mademoiselle d'Avremont se tourna vers lui.

— Je devine ce que vous dites, fit-elle; mais M. Leiritz faisait d'autant mieux l'éloge du commandant, qu'il lui déniait les qualités dont les jeunes gens d'aujourd'hui font le plus de cas.

— Et quelles sont celles-là? répliqua Bertrand.

Leiritz prit la parole.

— Ksannec, mon ami, vous avez tort d'interroger mademoiselle d'Avremont. Vous ne savez pas ce qu'elle va vous répondre.

— Vous le savez, vous? fit Lucienne.

— Oui.

— Alors, répondez pour moi.

— Vous alliez dire, reprit Anatole, que nous nous glorifions d'un certain sans-gêne dans nos habitudes et dans nos mœurs, que nous parlons indifféremment chevaux et femmes, et que nous préférons, parmi ces dernières, celles qui le méritent le moins. Seulement vous ne songez pas que cette préférence est une preuve de modestie de notre part, car on dédaigne en plus haut lieu les hommages que nous sommes assez fous pour y porter. Nous ne pourrions tenter qu'avec trop de peine et trop peu d'espoir d'être les adorateurs heureux des femmes de notre monde, et nous nous écarterions d'elles entièrement, s'il n'y en avait point quelques-unes, comme vous, mademoiselle, qui, pour ne pas nous laisser tomber tout à fait dans l'écurie et les boudoirs, nous retiennent auprès d'elles par l'indulgence qu'elles ont pour nos défauts. Notre prétendu sans-gêne n'est plus en pareil cas qu'une camaraderie qu'elles veulent bien autoriser.

Leiritz s'arrêta un moment comme pour juger de l'effet qu'il avait produit. C'est qu'il avait parlé du ton le plus aimable, de l'air le plus aisé, mais aussi avec une nuance d'impertinence dans sa politesse et de persiflage dans son respect.

Lucienne parut gênée, ne répondit pas et se rapprocha de Gaston et de madame Durand, qui feuilletaient un album.

— Ah! dit-elle à son amie, tu regardes là le portrait de madame de Gueyssac?

— Oui. Comme elle est maigre!

— N'est-ce pas? fit Leiritz, qu'on ne le dirait pas quand on la voit à la plage. C'est qu'alors elle se déguise en Vénus de Médicis avec un merveilleux costume d'alpaga blanc qui lui sied à ravir.

— Eh! dit Julie, elle se montre comme cela?

— Pourquoi pas, répondit Lucienne, puisque ce n'est pas elle qu'elle montre.

— Ah! s'écria Bertrand de Ksannec en regardant Lucienne et avec une intention trop marquée, que n'y a-t-il à l'imiter dans ce galant appareil les femmes qui, sans artifice aucun, seraient Diane chasseresse en personne!

— C'est que celles-là, s'empressa de dire Leiritz, auraient peur, mon cher Bertrand, d'être aperçues d'Actéon.

Il y eut néanmoins un instant de silence assez embarrassant que rompit l'arrivée du chevalier.

— M'amenez-vous M. Dourbal? lui demanda Lucienne.

— Pas encore, mademoiselle. Il était en train d'aligner des chiffres comme dans son cabinet de banquier. Je l'ai laissé aux prises avec une addition de millions. Il sera ici dans un quart d'heure.

— Eh bien! franchement, messieurs, fit Lucienne, je ne vous retiens plus. Allez à la plage. Vous, chevalier, donnez le bras à madame Durand. Moi, en attendant M. Dourbal, je garde le commandant, avec qui je n'ai pas encore échangé deux mots.

Mademoiselle d'Avremont et Dally restèrent en présence. Lucienne s'assit sur un canapé, désignant à côté d'elle une place à Gaston.

— Asseyez-vous là, commandant, lui dit-elle,

que nous puissions enfin causer un peu. Est-ce
que vous vous êtes ennuyé tout à l'heure? Vous
n'avez pas pris la parole.

— Non, mademoiselle; mais, je vous l'avoue-
rai, j'ai beaucoup vécu à la mer, et je me trouve
un peu dépaysé dans la vie mondaine de Pornic.
J'ai besoin de m'y faire, ajouta-t-il en souriant.

— Alors votre ami, M. de Leiritz, avait raison
quand il parlait de votre sauvagerie, apparente
du moins, de caractère.

— Pardon, mademoiselle, répondit assez vivement Gaston, Leiritz n'est pas mon ami; c'est
un camarade que j'ai retrouvé très-inopinément
ici, d'ailleurs toujours le même à mon égard.
Quand nous étions au collége, il avait l'habitude,
qu'il a gardée, de me morigéner. Il prétend aujourd'hui m'initier à ce qu'il appelle, avec tant
d'aplomb qu'il a peut-être raison, le vrai dans
la vie; mais je proteste tout bas.

— Contre quoi?

— Contre ses opinions sur les femmes et sa

manière d'être avec elles. Nous autres marins, nous les voyons probablement de trop loin pour les bien juger. Ce qui les grandit sans doute à nos yeux en poésie, en grâce et en beauté, c'est le piédestal où nous les plaçons; mais nous n'aimons pas à les en faire descendre.

Lucienne regarda Gaston en face.

— Commandant, lui dit-elle, vous ne me connaissez presque point encore, mais vous vous apercevrez très-vite, si vous ne vous en êtes pas aperçu déjà, que mon grand défaut ou ma grande qualité est la franchise. Vous ne me dites pas toute votre pensée. Vous n'aimez pas que les femmes semblent descendre elles-mêmes des hauteurs où vous les mettez; soyez franc comme moi.

Gaston tressaillit et répondit simplement :

— C'est vrai.

— Quelle belle chose que de voyager! reprit Lucienne. Si vous étiez plus souvent à terre, vous verriez que, pour peu que nous restions sur le piédestal où il vous plaît de nous poser, personne ici-bas, — je ne parle pas des marins, — ne viendrait nous y chercher. Nous nous y ennuierions comme doivent le faire aujourd'hui les déesses de l'antiquité dans leur Olympe désert.

— La vie que vous menez est-elle donc bien amusante ?

— Telle qu'elle est, dit Lucienne, c'est la vie des gens désœuvrés. Que voulez-vous que fasse une femme du monde qui n'est pas mariée, sinon causer, s'habiller, aller à la promenade le jour et au bal ou au théâtre le soir ?

— Vous voulez toujours que je sois franc, n'est-ce pas ? puisque vous me parlez avec cette bonté. Eh bien ! continua-t-il en s'animant par degrés, cette vie me paraît trop follement active pour ne pas être un peu vide. Je n'y découvre jamais une pensée sérieuse. C'est un tourbillon où l'on vit beaucoup moins qu'on ne s'y étourdit. Je cherche autour de moi quelque affection sincère, et je ne vois qu'un échange plus ou moins spirituel de propos galants. Il y a des moments, — ne me traitez pas de puritain, — où je suis presque intimidé de ce qu'on ose dire ou sous-entendre en s'adressant aux femmes. Je m'étonne qu'elles ne s'en offensent pas, et, comme je les vois se contenter de sourire ou de se taire, lorsqu'il ne leur arrive point de donner la réplique, je me dis que c'est moi qui ai tort ou qui suis un niais.

Il se tut, et Lucienne ne lui répondit pas tout d'abord.

— Avez-vous de la famille? lui dit-elle enfin.

— Non, je suis seul au monde.

— Mais vous êtes un homme et vous avez une belle carrière. Dites-moi donc au juste ce que c'est que d'être marin.

Elle paraissait prendre plaisir à le faire parler et se mit à l'écouter en ne le quittant pas des yeux.

— Pour beaucoup d'entre nous, mademoi-

selle, dit Gaston, c'est un métier comme un autre, où l'on gagne sa vie et où l'on devient ambitieux. Pour quelques-uns, pour moi, par
exemple, — et je crois qu'il en est ainsi tant que
dure la jeunesse, — c'est une existence mâle et
rêveuse, rude et douce à la fois, toute pleine de
contrastes, à laquelle on s'attache de toutes les
forces du désir et du regret. On y ébauche tout,
on n'y finit rien ; mais cette vie errante, toute
d'imprévu et d'espoirs commencés que la désil-
lusion n'atteint pas, a je ne sais quel charme
entraînant. On est seul, à jamais seul, et on le
sent trop ; mais la mer est une grande berceuse
de ces douleurs indécises ; elle les endort ou
vous met tout à coup en face d'un danger réel
qui vous les fait négliger. Enfin on a son navire,
ses camarades, ses matelots, et entre tous ces
compagnons d'un éternel voyage il s'établit
comme un large courant d'affection. Cette affection, si elle ne remplit pas tout le cœur, rend
moins pénible l'absence de cet autre amour qui,

loin d'être tel qu'il semble s'afficher ici, le simple plaisir de la vie, doit en être, à mon sens, le plus profond et le plus réel bonheur.

— Le monde, monsieur, répondit Lucienne d'une voix légèrement altérée, ressemble un peu à la mer. Là aussi on va devant soi et on n'aborde à aucun rivage; on n'en sort pas surtout dès qu'on y est entré. Certaines femmes, telles que Julie, qui ont un mari et une famille, peuvent ne se hasarder qu'un instant dans le monde avec curiosité, tandis qu'une femme comme moi, riche et sans parents, d'un caractère qui ne supporte ni la contrainte ni la retraite, doit y vivre quand même et s'en accommoder. Toutefois, elle n'a pas de compagnons qui fassent sympathiquement le chemin avec elle. Il lui faut marcher la tête couverte de fleurs et les pieds meurtris au milieu d'une foule hostile, à laquelle, — si je ne me suis point tout à fait trompée au sens de vos paroles, — elle impose l'admiration, non le respect, et elle doit cacher ses hésitations et ses chagrins pour ne montrer que l'orgueil de son front et le sourire de ses lèvres.

— Mademoiselle, dit Gaston avec émotion, vous n'êtes donc pas heureuse?

— Oh! commandant, reprit Lucienne en témoignant un subit enjouement, je ne voudrais pas que vous me plaigniez. Seulement, je ne suis pas aussi heureuse que les marins qui se consolent sur les flots bleus avec une douce philosophie des bonheurs qu'ils n'ont pas, en acceptant ceux que le hasard leur offre.

— Je n'ai parlé que des plaisirs, dit vivement Gaston, je n'ai pas parlé du bonheur.

Lucienne se leva.

— Eh bien! commandant, M. Dourbal est comme le bonheur, il ne vient pas; mais vous, fit-elle avec une grande caresse dans la voix, vous reviendrez, n'est-ce pas? Vous n'allez pas être huit jours sans me voir? Nous causerons encore.

Gaston s'inclina.

— Vous êtes trop bonne, mademoiselle.

— En attendant, reprit Lucienne, vous m'accompagnez à la plage.

Elle appela sa femme de chambre, qui lui apporta son chapeau et son burnous; puis, quand elle fut prête, elle se tourna vers Gaston :

— Allons, commandant, votre bras, et toi, Martine, va devant préparer ma cabine.

III

A partir de cette conversation, Gaston vint
presque chaque jour faire visite à mademoiselle
d'Avremont. Il ne savait pas s'il l'aimait, et se
sentait invinciblement attiré vers elle. C'était
ordinairement vers deux heures de l'après-midi
qu'il quittait son bord. Le plus souvent il se
faisait conduire dans sa baleinière au bas même
de l'escalier où la mer baignait le pied du Petit-Château; d'autres fois il débarquait à n'importe quel endroit de la côte. Alors, tout en
marchant, il était en proie à des émotions dou-
ces, mais mal définies. Certes il ne méconnais-

sait point les réelles qualités de Lucienne; mais ce caractère ardent, ennemi de toute espèce de joug, l'inquiétait. Il ne s'était jamais imaginé qu'il aimerait une femme qui fût ainsi. Cependant il pressait le pas et bientôt il arrivait. Martine lui faisait bon accueil et l'introduisait au salon. Là il attendait à peu près un quart d'heure avant que mademoiselle d'Avremont parût. Cette attente ne lui déplaisait point. Ne savait-il pas qu'elle allait venir? Il regardait autour de lui, et les objets lui devenaient familiers. Des jardinières pleines de fleurs répandaient leurs parfums dans cette vaste pièce, que les rideaux fermés plongeaient en une demi-obscurité. C'était un silence plein de calme et de fraîcheur, où Gaston avait de subits tressaillements de crainte et de désir. La petite chienne, Rosette, sautait à côté de lui sur le canapé, et il passait ses doigts dans ses longues soies. Si le chevalier se montrait, c'était pour dire à Gaston quelques paroles aimables et se retirer un instant plus tard. Enfin la porte s'ouvrait, et Lucienne, avec un flot de lumière, entrait dans l'appartement. Elle avait sa démarche gracieuse et libre, son port assuré et confiant, tendait la main à Gaston et arrêtait sur lui ses grands yeux profonds. Il devinait qu'elle n'était point ainsi pour d'autres, et en éprouvait une secrète et reconnaissante fierté. Ils s'asseyaient l'un près de l'autre, et causaient avec une intimité et un abandon qui ne les surprenaient point. Il semblait qu'ils se fussent connus de tout temps. Ils se le disaient avec une joie naïve, se taisaient, se regardaient, parlaient encore. Il y avait entre eux, sous-entendu, mais inépuisable, le poëme des élans généreux, des tendresses vives, des dévouements instinctifs. Ils se racontaient ou scrutaient la vie dans ce qu'elle a de belles pensées et d'aspirations nobles. Parfois, pendant de courts silences, l'horloge sonnait. Lucienne et Gaston s'étonnaient alors que les heures eussent si vite passé. Il fallait cependant que Gaston partît, et mademoiselle d'Avremont, prenant sa mante et son chapeau, l'accompagnait à travers champs par des sentiers détournés ou en longeant les rochers jusqu'au chemin qui mène à Pornic. C'était pourtant le bord de la mer qu'ils préféraient tous deux. Le mois d'août tirait à sa fin, et déjà, vers six heures, les mélancoliques clartés du soir tombaient sur les grands rochers, tandis que le soleil se couchait dans de rouges nuages. Parmi ces rochers, il en était un plus large, plus carré que les autres, espèce de plate-forme qui surplombait la mer. On y avait planté une petite croix, car c'était là que, plusieurs années auparavant, une jeune fille avait glissé et s'était noyée. On y lisait simplement un nom et une date. Ce touchant souvenir n'avait rien de triste pour Lucienne et pour Gaston; mais la première fois qu'ils passèrent devant le rocher, ils songèrent d'un commun accord à la jeunesse qui s'envole si vite, à l'amour qui se brise à l'improviste. Précisément aussi c'était à cet endroit que la route bifurquait, et qu'ils devaient se séparer, Lucienne pour retourner chez elle, Gaston pour regagner son bord. Alors il leur semblait qu'ils se quittaient trop tôt, et Gaston, à petits pas, reconduisait mademoiselle d'Avremont jusqu'à mi-chemin de sa demeure; puis là, si quelque immédiate exigence de service ne rappelait pas le capitaine du *Sylphe* à Pornic, Lucienne, le gardant avec elle, le ramenait au Petit-Château. On dînait dans l'intimité avec le chevalier de Rose-Croix, qui n'était jamais plus spirituel qu'à table, et qui, aimant le monde, s'en allait après le repas pour achever sa soirée au casino. De nouveau seuls, Lucienne et Gaston reprenaient leur causerie, ou, par les belles nuits, se promenaient longtemps sur la terrasse. Le murmure grandiose de l'Océan se mêlait doucement à leurs paroles; devant eux au loin, le *Sylphe*, balancé par la houle, se dessinait avec son élégante carène et ses agrès dans la nuit transparente, les lumières éparses de Pornic

brillaient çà et là, et le ciel, d'un bleu noir semé
d'étoiles, s'abaissait à l'horizon et rejoignait les
flots. Ils s'accoudaient à la balustrade et écou-
taient. Quelquefois la musique de l'orchestre
des bains leur arrivait, portée par la brise. Dans
un soudain caprice, Lucienne ordonnait d'atteler, et à l'instant le plus animé du bal entrait au
casino au bras de Gaston, fière, heureuse, avec
cet air vainqueur qui ne l'abandonnait jamais
dans le monde, et cependant avec une timidité
secrète qui la faisait rougir et la rendait plus
belle.

C'est qu'en effet, si cette existence, remplie de
toutes les enivrantes séductions de l'orgueil et
du cœur, avait chaque jour un nouvel attrait
pour Gaston, Lucienne éprouvait de son côté un
sentiment puissant, nouveau pour elle et qui la
dominait tout entière. Elle avait eu tout d'abord
un étrange plaisir à s'appuyer au bras de Gaston, à le regarder, à sentir son regard sur elle.
Cela ne lui était jamais arrivé avec aucun

homme. Elle ne s'était point dit pourtant que ce
fût de l'amour. Elle était trop heureuse. Elle se
laissait aller à causer longuement, doucement
avec Gaston de sa vie de marin, de l'existence
qu'elle menait elle-même. Plus elle l'écoutait,
plus elle sortait de ces entretiens étonnée et ra-
vie. Il ressemblait si peu aux hommes qu'elle
avait connus jusqu'alors ! Ses discours, ses ma-
nières, n'étaient point les leurs. Elle découvrait
en lui quelque chose de mâle et d'entraînant qui
lui allait droit au cœur. Pour la première fois
elle se demanda si elle ne s'abusait point en
croyant avoir aimé M. de Tournières. Elle s'a-
percevait qu'il ne lui avait inspiré que de la curiosité et de la sympathie, que ce qu'il lui avait
fait souffrir n'était que du dépit mêlé de beaucoup de vanité. Non, son cœur, qu'elle s'était
imaginé à tout jamais fermé, ne s'était pas ouvert, tandis qu'il se fondait tout à coup aujour-
d'hui en une profonde tendresse. Elle avait peur
aussi. Tout ce que l'amitié de Julie lui avait

souvent fait de morale se présentait à son esprit.
Gaston, pour sa part, ne la grondait-il pas parfois avec une sorte de sévérité triste? Il mettait
en scène les autres femmes, mais c'était bien
d'elle qu'il s'agissait. Loin de s'en fâcher pourtant, elle en avait une surprise émue et lui répondait qu'elle n'était pas ainsi. Il lisait dans
ses yeux et la croyait. Or cela ne suffisait plus à
Lucienne. Que lui importait qu'il la crût? Ce
qu'elle voulait, c'est qu'il l'aimât. Y consenti-
rait-il? Elle s'interrogeait, jugeait sa propre vie,
et se demandait si elle pouvait inspirer une passion sérieuse. Ah! certes cet état nouveau
pour elle n'était pas, comme elle eût pu se
le figurer quelques jours auparavant, un caprice de son imagination ou de son cœur. A
ce qu'elle souffrait, elle sentait trop que c'était
de l'amour.

Elle devint par degrés moins expansive pour
Gaston, se concentra en elle-même, s'attrista.
Elle restait volontiers seule et paraissait médi

ter une résolution extrême. Dans le monde, elle se montrait moins vive, plus affable, mais tombait par instants dans une rêverie dont elle sortait aussitôt avec une gaieté factice, de peur qu'on n'en devinât la cause. Afin de donner le change aux suppositions qu'on pouvait faire et qu'on faisait déjà sans doute, elle consentit à une grande partie que ses amis avaient organisée pour la distraire et la tirer de sa retraite. Peut-être Leiritz, Ksannec et madame Priston avaient-ils l'intention de profiter des hasards de la journée pour mieux observer mademoiselle d'Avremont aux prises avec ce qu'ils appelaient son nouvel amour. Le rendez-vous était indiqué chez madame Durand. On devait aller dîner et passer la soirée à la baie de la Chaise, en face même de Pornic. A quatre heures, Lucienne et Julie monteraient en calèche, ainsi que madame Priston, à moins que celle-ci ne préférât aller à cheval avec Leiritz, Ksannec et Gaston. Quant à M. Durand, il prendrait les devants avec les enfants, et remplirait à la baie de la Chaise les fonctions de majordome.

Le jour où cette course devait avoir lieu, vers deux heures de l'après-midi, mademoiselle d'Avremont vint chez madame Durand. Lucienne était visiblement préoccupée. Après avoir répondu d'une façon distraite à quelques paroles de Julie, elle lui prit tout à coup les mains :

— Tu es mon amie, fit-elle, ma meilleure amie? Eh bien! je veux ton franc et sincère avis. Quelle est l'opinion du monde sur mon compte ?

Madame Durand la regarda avec étonnement.

— En quoi t'importe-t-elle? Il y a huit jours que tu en avais encore le plus complet dédain.

— Je ne le nie pas, mais depuis huit jours j'ai réfléchi. En tout cas, continua Lucienne avec insistance, c'est un service que je te demande. Me le refuses-tu ?

— Non, répondit Julie, mais c'est qu'il est assez difficile à rendre. L'opinion du monde, c'est très-vague. Celui où tu vis habituellement s'appelle bien le monde, et pourtant n'est pas tout à fait celui que je vois d'ordinaire.

— Oh! s'écria Lucienne, l'opinion de mon monde à moi m'est indifférente. On s'y prend comme on s'y trouve ; il ne s'agit que d'y être gai, riche et insouciant. Je sais ce qu'on y pense de moi, et on aurait beaucoup de peine à en penser beaucoup de mal. Non, c'est l'opinion de ton monde à toi que je veux.

Madame Durand hésita quelques instants.

— Prends ton grand courage, Lucienne, dit-elle enfin. Tu es une femme trop en vue, trop distinguée, trop riche, trop bruyante, s'il faut tout dire en un seul mot, pour qu'on n'ait pas souvent parlé de toi depuis cinq ans. Ce qu'on en a dit souvent m'est revenu parfois, et, quoi que j'aie pu tenter pour te défendre, n'en a pas moins fait son chemin. J'étais la seule femme qui te connût bien, et cela ne suffisait pas. Ce n'est que par degrés d'ailleurs qu'on en est arrivé à mal dire de toi. Tu vois que je mets de côté la médisance et la calomnie. Les apparences et toi-même avez beaucoup aidé à ces propos tout d'abord envieux et railleurs, qui se sont peu à peu envenimés, et qui maintenant sont presque hostiles. On t'a vue seule dans le monde, à la mort de ton père, arborer bien haut le drapeau de ton indépendance de femme. C'était excentrique; on a dit que c'était fanfaron et périlleux. Ce n'eût été rien pourtant, si tu te fusses montrée plus sévère dans le choix de tes relations. Malheureusement, avec ta générosité de cœur, tu as accueilli des femmes et des hommes très-honnêtes peut-être, mais compromis dans l'opinion. Je ne te parlerai que de la petite Priston, qu'on décrie à cause de son oncle et qu'on ne reçoit pourtant que par égard pour lui, — une de ces contradictions comme on en voit tant, mais dont il n'est donné à personne d'avoir raison, — et du chevalier de Rose-Croix, fort aimable vieillard sans doute, mais qui

n'est depuis vingt ans qu'un spirituel parasite à
gages. Les hommes sérieux, les femmes prudes,
celles qui n'étaient pas assez riches pour te suivre sur ton terrain, se sont retirés de ta maison
et ont critiqué le train continuel de fêtes et de
folies fastueuses que tu menais. Quelques scan-
dales qui se sont produits ont pris naissance
dans ton salon. La malignité en a fait son profit. Je suis sûre que ton aventure d'amazone
avec M. de Tournières t'a valu un fort grand
nombre d'ennemis masculins. Ces messieurs,
vis-à-vis des femmes, se font assez volontiers
solidaires les uns des autres et ne nous pardonnent pas ce qui les humilie. Si tu avais été
vieille et laide, tout se serait borné à te faire
une réputation d'extravagance. Si tu avais su
retenir tes soupirants autour de toi avec la tac-
tique d'une femme toujours flattée des hommages qu'on lui rend, tu aurais été défendue
par ceux-là mêmes que tu repoussais ; mais tu
les attirais visiblement d'abord et ne te cachais

pas ensuite du peu d'impression qu'ils faisaient sur toi. Ils ne se sont pas attachés, tu le penses bien, à te doter d'invulnérabilité. Dans le monde que je vois, on ne les a pas crus. Il n'y avait rien de positif, au contraire; mais on s'est laissé aller à dire qu'avec ton âge, ta beauté, ta soif du plaisir, il n'y aurait rien de bien extraordinaire à ce que tu fusses un jour ou l'autre entraînée, ainsi qu'il en est arrivé de tout temps aux femmes dans une position pareille à la tienne. Aujourd'hui on est aussi près de tout admettre que de ne rien admettre à ton désavantage. On en est au doute, et je ne te parle que des plus indulgents. Tu as voulu la vérité, la voilà sans fard.

Lucienne avait écouté son amie sans l'interrompre.

— Alors, répondit-elle lentement, si un homme, qui ne me connaîtrait pas aussi bien que ton mari et toi me connaissez, venait à m'aimer, il écouterait ces bruits du monde sans

savoir s'il doit les accueillir ou les repousser?
Lui aussi serait dans le doute à mon égard?

— S'il t'aimait, se hâta de dire Julie, il ne
croirait pas à ces bruits-là.

— C'est-à-dire, poursuivit Lucienne avec un
trouble naissant, qu'il passerait outre, s'il ne
s'agissait pour lui que de m'aimer et de se faire
aimer de moi.

Elle s'arrêta, puis fit un effort et ajouta :

— Mais m'épouserait-il? Réponds.

Julie avait remarqué l'agitation de Lucienne,
et craignait de lui avoir fait de la peine.

— Tu me mets, lui dit-elle, dans un cruel
embarras. Je ne suis pas un homme, moi; mais
si j'avais le temps de t'étudier, d'être sûre que
tu es toi et non cette femme singulière que tu
t'es plu à montrer jusqu'ici, je ne me bornerais
pas à t'aimer, je t'épouserais.

Lucienne éclata avec une ironie triste.

— Le beau mérite! Certes tu te marierais
avec moi quand je t'aurais apporté un certificat

de bonne vie et mœurs, qui m'aurait été délivré par ta sagacité et ta sagesse. Si c'est là de la prudence, ce n'est plus de l'amour. Tu as peut-être raison. Les hommes, même les meilleurs, sont comme saint Thomas. Ils ne croient qu'à ce dont ils sont sûrs. Oh! que je souffre! ajouta-t-elle en serrant sa poitrine à deux mains.

— Mais tu aimes donc quelqu'un? s'écria madame Durand.

— Oui, murmura Lucienne.

— Et qui?

— Qui serait-ce, si ce n'était M. Dally?

Elle avait besoin de se répandre en confidences et en paroles. Alors elle raconta comment cet amour était né et avait grandi dans son cœur, par quelles émotions délicieuses d'abord, puis inquiètes, tumultueuses et désolées, elle avait passé.

— Oui, dit-elle en terminant, j'ai peu à peu caressé un rêve : c'est de devenir sa femme; mais, depuis que cette ambitieuse pensée m'est venue, je ne vis plus. Le voudra-t-il? Je me suis répété ce que tu m'as dit toi-même tout à l'heure. L'homme que j'aime a presque le droit de douter de moi... C'est affreux. Je me vois dans un abîme.

L'exaltation de Lucienne intimidait madame Durand.

— Eh bien! dit-elle doucement, aie un peu de patience.

Ces simples mots firent bondir la jeune femme.

— Pour le convaincre, n'est-ce pas? s'écria-t-elle.

Elle se leva et se mit à marcher par la chambre.

— Non, car c'est là justement ce qui m'humilie et me torture. Comment! je suis sincère, aimante et loyale; je n'ai jamais eu une pensée basse ou mauvaise, et je jouerais, comme une femme moins imprudente que coupable, la comédie de la vertu! J'aurais besoin de me blan-

chir avec adresse auprès de cet homme que je
crois bon, que je crois grand! Non, non, il faut
qu'un élan du cœur me le livre, qu'il me devine
telle que je suis. Je ne veux pas qu'il s'amoin-
drisse à mes yeux. Je veux qu'il soit confiant
parce que je suis honnête et pure.

Elle s'arrêta tout à coup devant Julie.

— J'en ai le droit, je l'aime.

— Et lui, fit madame Durand, t'aime-t-il?

— Je l'ai cru, reprit Lucienne, quand je ne
l'aimais pas encore autant. Je ne le sais plus
maintenant. M'aime-t-il assez pour faire de moi
sa femme? C'est toute la question. Je ne consens
pas à ce qu'il m'aime moins que cela. Je serai
avec lui franche et sincère, et, acheva-t-elle avec
un geste brusque, je vais bientôt savoir à quoi
m'en tenir.

— Lucienne, s'écria Julie effrayée, je t'en
conjure, pour ton bonheur ne fais pas d'imprudence. Veux-tu que je lui parle?

— Toi? répliqua Lucienne amèrement, et s'il

allait te refuser? s'il allait seulement hésiter?
Non, j'ai résolu de lui parler moi-même. Je
consens à être frappée, mais je veux l'être en
face.

Elle se tenait droite, le sein soulevé, les yeux
étincelants, tandis que madame Durand, n'osant
la heurter de front, la regardait d'un air suppliant. Elles étaient ainsi quand Martine entra
en disant :

— Mademoiselle, voici ces messieurs qui arri-
vent.

— Ah! fit Lucienne, je ne veux pas qu'on me
voie maintenant; sortons par le jardin, Julie,
allons chez moi. Là je verrai une dernière fois
ce qu'il faut que je fasse.

IV

Tout l'entourage de Lucienne prenait un vif intérêt à cette partie de campagne. On allait enfin revoir mademoiselle d'Avremont, qui depuis quelques jours avait presque disparu du monde. Leiritz et Ksannec étaient surtout curieux de savoir à quoi s'en tenir sur sa liaison avec Gaston. Tout d'abord ils n'avaient point été inquiets. Ils connaissaient trop ses engouements subits, sa coquetterie provocante et à brûle-pourpoint, qui se changeaient le lendemain en une amitié paisible ou en un laisser-aller indifférent. Ils avaient pensé qu'il en serait de Dally comme des autres. Peu à peu, en face des assiduités constantes du marin et de la faveur avec laquelle les accueillait Lucienne, ils avaient craint qu'elle ne se fût sérieusement éprise de Gaston et étaient presque devenus jaloux de lui. Les hommes pardonnent facilement à un rival éconduit, mais ne se consolent pas de voir un autre réussir où ils ont échoué.

Aussi, dans les rares instants où ils se trouvaient en présence de mademoiselle d'Avremont et de Dally, redoublaient-ils à dessein d'impertinente fatuité et de camaraderie avec elle. Ils s'applaudissaient alors de son malaise et de l'irritation contenue de Gaston. Ce qui les animait davantage contre lui, c'était non-seulement la façon dont le distinguait Lucienne, mais son succès près des autres femmes. Parmi celles-ci, dans le petit monde de Pornic, madame Priston le recevait d'une façon toute particulière. Trop habile pour marcher ostensiblement sur les brisées de Lucienne, elle avait avec Dally un aimable enjouement, une indulgence amicale, une coquetterie tendre et badine. Cette jolie femme n'affichait point de prétentions exclusives, et comptait profiter de cette position indécise qu'elle avait su prendre vis-à-vis de Lucienne et de Gaston pour les surveiller tous deux et intervenir à son heure et à son avantage dans les malentendus ou les défaillances de la passion qui les liait. Rien pourtant jusqu'alors n'avait transpiré des secrètes résolutions de mademoiselle d'Avremont. Anatole et Bertrand ne songeaient point à l'éventualité d'un mariage. Cela était trop en dehors des idées hautement et librement émises par Lucienne. Madame Priston, qu'un goût assez vif pour Gaston et que certains desseins qu'elle formait sur lui, mais dont elle ne se rendait pas encore un compte exact, éclairaient peut-être, redoutait au contraire que ce mariage ne fût possible. Le chevalier, qu'on avait sondé, était un trop fin diplomate pour ne point paraître savoir beaucoup de choses, et au fond se compromettait d'autant moins qu'il ne savait rien. On avait remarqué cependant que M. Dourbal s'était plusieurs fois présenté chez Lucienne et avait toujours été reçu. Quel était le but de ses visites? S'agissait-il de placements d'argent? On pouvait le croire, car il était de bruit public que mademoiselle d'Avremont dépensait au delà de ses revenus. L'élégant banquier ne sonnait mot de ses rapports avec sa belle cliente. Il se bornait à dire de la manière la plus respectueuse le plus grand bien de Lucienne. D'ailleurs il allait partir et n'attendait pour retourner à Paris que la mise en train complète d'une grande affaire que préparait son associé. Il n'était point jusqu'à l'attitude de Gaston lui-même qui ne fût énigmatique. Elle trahissait l'étonnement aussi bien que la certitude d'être aimé. Peut-être s'abandonnait-il sans préoccupation de l'avenir à l'amour qui l'envahissait. Toutefois il se tenait sur ses gardes, et, loin de se livrer, décourageait par sa froideur et sa réserve toute question indiscrète. Ainsi ce jour-là il était probable que cha-

cun, venant armé de toutes pièces à cette réu-
nion de plaisir, serait prêt, selon l'occurrence,
à détourner ou à susciter tout incident ou tout
éclat d'où la vérité pût sortir.

Quand Leiritz et Ksannec, M. Dourbal et Gaston entrèrent au salon, Martine leur apprit que
mademoiselle d'Avremont et madame Durand
étaient parties ensemble, mais qu'elles ne tarde-
raient pas à revenir.

— Pardieu ! Martine dit vrai, s'écria Leiritz,
qui s'était penché à la fenêtre. Je ne sais si elles
vont revenir, mais elles courent plutôt qu'elles
ne marchent.

— C'est, fit de Ksannec en levant légèrement
les épaules, quelque surprise de sa façon que
nous ménage notre belle Lucienne.

Gaston tressaillit.

— Est-ce que vous parlez de mademoiselle
d'Avremont ? demanda-t-il.

— Oui, répondit simplement Ksannec, qui se
promenait dans le salon.

Leiritz s'était approché de Gaston.

— Ksannec, lui dit-il, ne s'aperçoit même pas que tu aies l'air de t'étonner. C'est tout simple : entre nous, nous n'appelons jamais autrement la châtelaine d'Avremont.

— Ah ! se contenta de dire Gaston.

— Tu es bien sombre, mon cher Dally, reprit Leiritz ; est-ce que tout ne va pas comme tu le voudrais à bord du *Sylphe*? Je te fais cette demande parce que ce sont seulement tes affaires de service qui pourraient te préoccuper; tes affaires de cœur marchent trop bien.

— En effet, continua Ksannec. Hier, au casino, mon cher commandant, les paris étaient ouverts pour savoir qui toucherait le plus vite le cœur du capitaine du *Sylphe*, de mademoiselle d'Avremont ou de madame Priston.

— Tu vois, ajouta complaisamment Leiritz.

Gaston ne put réprimer un mouvement d'impatience.

— Cher ami, dit-il à Leiritz, je te serai fort

obligé de ne point me mettre toujours en scène.

— Je ne t'y mets pas, riposta Leiritz avec une feinte bonhomie, tu y es ; ton seul tort est de prendre au sérieux le rôle que tu joues. Lorsqu'une charmante femme comme la petite Priston vous distingue, il faut aller gaiement au devant d'elle. Lorsqu'une femme comme mademoiselle d'Avremont veut vous atteler à son char, il est de bon goût de se prêter au joug. Il n'y a rien de tragique là dedans ; nous y avons tous passé ; demande plutôt à Ksannec.

— Oui, fit Ksannec, nous avons tous été ses très-humbles serviteurs ; oh ! en tout bien, tout honneur, ajouta-t-il d'un ton comique.

— C'est bien ainsi que je l'entends, reprit Leiritz. Nous étions beaux. Ksannec a été superbe : on eût dit d'un tigre avec une laisse de soie. Moi, qui n'étais point d'aspect si farouche, j'allais devant, en arbalète, faisant des courbettes et caracolant. L'hiver dernier, nous étions jusqu'à huit, comme à la voiture du sacre, chacun à l'allure qui lui convenait le mieux. C'était un peu disparate au détail, mais très-harmonieux comme ensemble. Elle nous menait à grandes guides avec une *maestria* sans seconde. Tu comprends qu'au bout de quelque temps on se lasse de ce métier-là, où il y a aussi peu de profit que de gloire. On ronge son frein plus ou moins, puis on casse ses traits. C'est ce que nous avons fait, Ksannec et moi. D'ailleurs aujourd'hui nous sommes un peu usés, on ne voudrait plus de nous; mais on te harnache avec toute la coquetterie de la nouveauté. Ne te rebiffe pas; tout le monde y passe. Après toi, en même temps, ce sera le tour de Dourbal; mais on le conduira avec des rênes d'or... Tu ne dis rien?

— J'écoute, fit froidement Gaston, et je regrette que mademoiselle d'Avremont puisse être ainsi traitée par vous. Elle vous le permet, à ce qu'il paraît, tant pis pour elle! Je n'ai donc rien à dire; mais, comme pour ma part je n'ai jusqu'ici été accueilli par elle qu'avec une réserve parfaite, je vous serais reconnaissant que de telles conversations n'eussent pas lieu en ma présence.

Leiritz et Ksannec allaient sans doute répondre lorsque M. Dourbal s'interposa.

— Messieurs, dit-il, voici le chevalier qui vient avec madame Priston.

Il emmena Ksannec vers la fenêtre, tandis que Leiritz prenait Gaston à part.

— Cher ami, fit-il, un seul mot! Ce que j'ai dit tout à l'heure t'a déplu. Eh bien! maintenant, seul à seul, je te parle sérieusement. Je crois connaître assez mademoiselle d'Avremont pour être au courant de sa manière de procéder. Elle a éloigné madame Durand d'ici. Le chevalier vient seul avec madame Priston. Je parie que tout cela se fait à dessein. Le chevalier doit être chargé de quelque message pour toi. Ne me réponds pas. Attends, et tu verras.

Le chevalier et madame Priston entrèrent. Le chevalier portait haut et finement la tête, avec

ce grand air de courtisan diplomate qui lui
était habituel. Madame Priston, en habit de cheval, coiffée d'un toquet de velours noir, l'œil brillant, le sourire aux lèvres, fouettait de sa cravache le bas de son pantalon gris clair et sa
bottine vernie.

— Messieurs, dit le chevalier, je vous amène
une charmante femme que j'ai rencontrée en
mon chemin, et que je suis chargée par mademoiselle d'Avremont de confier à votre escorte
et à vos bons soins.

— Mademoiselle d'Avremont et madame Durand ne viennent donc pas avec nous? demanda
M. Dourbal.

— Ces dames, dit le chevalier, allaient monter
en voiture et vous rejoindre ici, lorsque mademoiselle d'Avremont a reçu un mot de la douai-
rière de Montmorin, qui est souffrante. Elles sont
donc forcées de passer par Noirmoutiers, mais
elles vous retrouveront à la baie de la Chaise.

— Eh bien! s'écria joyeusement madame Priston, je vais en profiter pour faire ma cour à M. Dally. Puisque Lucienne n'y est pas, je vais le garder avec moi pendant toute la route. — Votre bras, commandant.

Mais le chevalier se plaça devant elle avec une courtoisie désolée. — Ah ! mille pardons, madame, lui dit-il, si je vous enlève votre cavalier ; mais j'ai à adresser au commandant au nom de ces dames une prière qui nous retardera sans doute une demi-heure, lui et moi.

— Par exemple ? et de quoi s'agit-il ?

— Ces dames désireraient que le commandant fût assez bon pour envoyer à la baie de la Chaise quelques-uns de ses hommes avec des fusées de couleur et ce qui est nécessaire pour organiser un feu d'artifice et une pêche aux flambeaux.

— C'est très-facile, dit Gaston, mais il faut en effet que je retourne à bord.

Le chevalier enveloppa les hommes et madame Priston d'un même regard, et leur dit gracieusement : — Partez donc, et ne vous inquiétez pas de nous.

Madame Priston se mit à menacer Gaston du doigt.

— Encore un grief contre Lucienne, commandant, lui dit-elle. Allons, faisons-en notre deuil.

Puis, se tournant vers Leiritz, Ksannec et Dourbal :

— A cheval, messieurs, leur cria-t-elle en riant, et un bon temps de galop pour chasser les idées noires !

Quand ils furent sortis, Gaston dit au chevalier :

— Je suis à vos ordres.

— Mon cher commandant, ce n'est pas la peine de vous déranger. Autorisez-moi simplement à m'adresser de votre part à votre second. J'irai seul à bord.

— Mais point du tout, insista Gaston ; je ne souffrirai pas cela, je vous accompagnerai.

— Non, reprit nettement le chevalier, car mademoiselle d'Avremont vous prie de l'attendre ici.

Gaston tressaillit, et avec un dédaigneux étonnement, dans un premier mouvement dont il ne fut pas le maître, il toisa presque le chevalier des pieds à la tête. Encore sous le coup des insinuations de Leiritz, il trouvait au vieillard des allures suspectes; mais M. de Rose-Croix, qui lisait peut-être sur le visage du jeune homme sa défiance et ses soupçons, le regardait de son côté avec une indéfinissable expression d'ironie hautaine, de gravité et de tristesse. Gaston se domina et répondit seulement :

— Allez donc à bord, monsieur le chevalier. J'attendrai mademoiselle d'Avremont.

Gaston resta seul, en proie à une perplexité vive, irritée, presque indignée. Que voulait dire tout cela? Leiritz et le monde avaient-ils donc raison? Mademoiselle d'Avremont n'était-elle qu'une coquette? Il se sentait triste et inquiet. Était-ce donc qu'il l'aimait plus qu'il ne l'avait cru jusqu'alors? A cette pensée, il eut comme un soubresaut. Pour la première fois, il descendait dans son cœur. Cet amour, auquel il s'était si doucement livré, y avait poussé de profondes racines. Il souffrit subitement avec une amertume chargée de colère. Que pouvait en effet vouloir de lui mademoiselle d'Avremont dans cette entrevue qu'elle lui demandait si hardiment? Voulait-elle donc, par quelque imprudence qu'il ne s'imaginait point, prouver à tous l'empire qu'elle pensait avoir sur lui? Si bizarre que fût le mot, il ne se laisserait pas compromettre par cette femme. Si elle ne cherchait qu'un triomphe de plus, elle ne l'aurait pas. Il ne serait point un de ses imbéciles courtisans d'un jour pour devenir le lendemain un de ses insolents compagnons de plaisir. Quelle autre alternative en effet que d'être son jouet ou d'être forcé de l'avoir en moindre estime? Ses sourcils se fronçaient, et, le pied ferme, dans une disposition hostile, il attendait Lucienne comme il eût attendu un adversaire.

Tout d'un coup elle parut. Elle était un peu émue, et ne regardait Gaston qu'à demi.

— Vous m'attendiez, comme je vous en ai fait prier, lui dit-elle, je vous remercie.

— Mademoiselle, répondit Gaston d'un ton contraint et glacé, je suis respectueusement à vos ordres.

Elle leva les yeux sur lui avec un étonnement douloureux.

— Comme vous dites cela ! Tenez, monsieur, continua-t-elle avec douceur, ne prenez pas en mauvaise part ce que je fais. J'ai voulu vous voir seul et tout de suite. J'ai une impétuosité de caractère et de décision qui ne dépend pas de moi. Ce que j'ai projeté, il faut que je l'exécute, dussé-je marcher à un malheur, comme je sens que j'y marche peut-être en ce moment. Soyez indulgent, je vous en prie.

Elle s'interrompit avec un geste de douleur.

— Ah ! je ne devrais rien dire, mais une sorte de fatalité m'y pousse ; il faut que je parle.

Gaston, la voyant si agitée, se sentit faiblir et lui demanda presque avec bonté :

— Qu'avez-vous?

Lucienne essaya de sourire :

— Rien, un aveu à vous faire, et j'y suis bien maladroite.

Puis, se dominant, quoique d'une voix encore tremblante :

— Monsieur Dally, je n'ai plus de parents, je suis riche, et je vous aime. Je viens vous demander de me prendre pour votre femme.

Rien n'était plus loin de l'esprit de Gaston.

— A moi! s'écria-t-il.

— Hélas! fit tristement Lucienne, c'est ainsi que vous me répondez, par l'hésitation et la stupeur?

— Je ne vous ai rien répondu encore, se hâta-t-il de dire.

Il se tut pourtant. C'est qu'en effet, si, dans la situation d'esprit où il était, ce mariage lui paraissait inacceptable, il ne pouvait empêcher l'émotion et la pitié d'entrer dans son âme, et ne se reconnaissait pas le droit de manquer d'égards envers cette femme, qui, imprudemment et follement à coup sûr, mais en même temps avec loyauté, venait lui offrir sa main. Il cherchait donc ce qu'il devait répondre.

— Mademoiselle, lui dit-il enfin, en face de mon avenir que je puis changer par un mot, en face de mon bonheur et du vôtre qui dépendent de ce mot, j'ai le droit et plus encore le devoir de réfléchir une minute au moins et de juger ce qu'une proposition semblable à la vôtre, si honorable qu'elle soit pour moi, a pour nous deux de possible et de sage.

— Soit, fit Lucienne. Parlez.

— D'abord, vous l'avez dit, vous êtes riche, et je n'ai guère à moi que mon épée et les chances de ma carrière.

Lucienne fit un mouvement, Gaston l'arrêta d'un geste.

— Ne vous révoltez pas, lui dit-il. Si grave que

soit une objection pareille, elle n'est pas de
celles qu'on puisse opposer à une femme telle
que vous. Il en est une autre, plus sérieuse,
hélas! Je ne suis pas arrivé à mon âge sans avoir
quelquefois pensé à me choisir une compagne.
Or, mademoiselle, dans notre métier, il y a un
vieux dicton quand il s'agit de se marier; c'est
celui-ci, tout naïf et tout mélancolique : femme
de marin, femme de chagrin. Il nous faut, dans
les épreuves de l'absence, dans les courtes joies
du retour, une amie stoïque, dévouée, courageuse, tout à nous ; tandis que, vous et moi, tout
nous sépare, en apparence du moins, les goûts,
les habitudes, le monde. Quand je serai au loin,
il faudra vous priver du mouvement de luxe et
de fêtes qui est votre existence entière. Le pour-
rez-vous ? Et si vous ne le pouvez pas, si, sur les
bords lointains, dans la solitude où je vivrai,
l'éclat de vos triomphes et le bruit de vos succès
arrive jusqu'à moi, je me connais, je souffrirai
tous les tourments de la jalousie, et je croirai,

quoi que je puisse faire, à votre indifférence et à votre oubli.

— Je serai, dit Lucienne, l'honnête et digne femme d'un marin.

— Oh! mademoiselle, s'écria Gaston, je rends justice à l'élévation de votre caractère, à la droiture de vos intentions.

— Mais, reprit-elle avec amertume, vous doutez que je puisse tenir ma parole? Allons, dites-le.

Si tout d'abord, au moment de cette proposition soudaine que Lucienne était venue lui faire, Gaston avait éprouvé quelque embarras à répondre, il n'en était plus ainsi maintenant. Au fur et à mesure qu'il avait parlé, les sentiments secrets de chagrin, de méfiance, d'irritation, que lui avaient soufflés contre elle les familiarités et les propos du monde s'étaient ouvert une issue. Il allait entrer dans la vraie voie de la colère qui s'exhale, du soupçon qui s'affirme. L'amour se venge ainsi des souffrances qu'il ressent en les infligeant à qui les lui cause.

— Eh bien! oui, je doute, répondit-il.

— Et, reprit Lucienne après un court silence, si vous hésitez, c'est que vous craignez, sur la foi de cette parole que j'ose vous donner, d'aventurer votre bonheur.

— Le vôtre et le mien, oui, dit encore Gaston avec fermeté.

— Vraiment! fit Lucienne.

Elle regarda Gaston en face. La colère la gagnait à son tour. Elle eût compris que Gaston refusât de l'épouser, elle ne comprenait pas qu'il s'acharnât ainsi à la frapper à mesure qu'elle s'humiliait devant lui. — Une seule question alors! poursuivit-elle. Pourquoi vous êtes-vous conduit comme si votre plus chère espérance était d'être aimé de moi? Nous nous sommes interrogés vingt fois, et vingt fois, quoique sans prononcer ce mot d'amour, nous nous sommes répondu. Vous voyez que je suis franche jusqu'aux dernières limites où peut aller une femme. Quel était donc votre but? Puisque vous

ne songiez pas à moi pour votre femme, y son-
giez-vous donc pour...? Ah ! monsieur, je suis
forcée de m'arrêter, et, comparant ce que vous
êtes aujourd'hui à mon égard à ce que vous
étiez hier, j'en viens à douter à mon tour de la
loyauté de votre cœur.

Gaston, à cette véhémente apostrophe, était
contraint de se défendre. Il allait le faire en disant la vérité, mais il était sur un terrain si glis-
sant que la vérité elle-même devait paraître of-
fensante à Lucienne.

— Mademoiselle, fit-il, vous m'accusez à tort.
Oui, j'ai été heureux de votre accueil, et je me
suis laissé aller à ce bonheur. Je ne m'en défends
pas. Il ne m'est pas venu à l'idée que ces joies
pussent avoir un lendemain. Le plus souvent
dans notre vie elles n'en ont pas; aussi les prend-
on comme elles viennent. J'étais fier de votre
sympathie, ému et surpris de l'affection que vous
sembliez me témoigner; mais jamais je n'ai médité de l'entraîner plus loin qu'elle ne voudrait

aller d'elle-même, et surtout je n'imaginais pas
qu'elle allât jusqu'à ces preuves dont je n'eusse
osé concevoir l'orgueilleuse espérance.

Lucienne n'hésitait plus. Elle aussi entrait de
plain-pied dans la lutte. — Il vous a paru
étrange, dites-le, répondit-elle, que mademoiselle d'Avremont songeât à se marier. En effet,
poursuivit-elle avec violence, on n'épouse pas
mademoiselle d'Avremont !

— Mademoiselle,... murmura Gaston effrayé.

— Non, reprit-elle avec un emportement
croissant, on ne l'épouse pas. C'est ce qu'on a
dû vous dire. Certes, depuis le commencement
de cet entretien, ce n'est pas vous qui parlez. Il
y a trop de changement de ce que vous étiez à
ce que vous êtes. La dissimulation ne vous convient pas. Avouez tout de suite qu'on vous a dit
du mal de moi, et que ce mal, vous avez eu l'in-
justice, la lâcheté d'y croire.

C'était atteindre au vif la plaie saignante au
cœur de Gaston. Il bondit et ne garda plus de

mesure. — Ne le prenez point ainsi ! s'écria-t-il.
Je suis de ceux qui ne croient qu'à ce qu'ils
voient. Malheureusement ce que je vois me suffit.
Oui, l'on a tenu devant moi sur votre compte des
propos qui m'ont irrité et déplu. De là vient mon
changement peut-être, mais de là ne viennent ni
mon hésitation ni ma surprise à la proposition
subite que vous m'avez adressée. J'hésiterai toujours à donner mon cœur et ma vie, car moi je
me livrerais tout entier, à une femme noble et
généreuse de caractère, je le veux bien, mais
altière dans sa volonté, folle dans ses plaisirs,
téméraire dans sa conduite, à ce point que les
hommes qui l'entourent ont cessé de se gêner
avec elle et de la respecter. Je suis, me dira-t-on,
d'allures un peu sauvages ; mais je ne conçois
pas, je l'avoue, cette singulière camaraderie
d'une femme bien née avec des jeunes gens qui
la courtisent ou cessent de la courtiser à leur
heure, qui lui tiennent le langage de leur club
ou des coulisses de leurs théâtres, qui parlent

d'elle sur le ton le plus familier et avec une légèreté qu'ils ne s'imaginent même pas être coupable ou étonnante, car cette femme, prétendent-ils, les a autorisés à en agir ainsi. Je veux pour compagne, si je me marie, une femme qu'on n'appelle point par son prénom en ricanant, dont personne ne puisse avoir osé espérer les faveurs, qui ne se complaise pas aux hardiesses de la vie, aux quiproquos de la parole. Je la veux, aimée par moi, soucieuse de sa dignité, inaccessible à tous, et il ne me suffit pas d'être heureux dans le présent, confiant dans l'avenir, je ne veux point avoir à me troubler et à m'attrister des inconséquences de son passé.

— Assez, monsieur, dit Lucienne, vous m'insultez.

Elle mit la main sur son cœur et se recula défaillante.

Alors, avec la plus vive émotion, Gaston alla vers elle.

— Et moi, dit-il, croyez-vous que je ne souffre

pas aussi? Croyez-vous qu'il me soit tout simple de vous parler comme je le fais? Mon cœur bat, je vous aime, vous le savez bien. Eh! que me feraient, si je ne vous aimais pas, les propos du monde? Ne me pressez pas comme tout à l'heure. Laissez-moi me retrouver. J'ai la tête perdue.

Mais elle avait repris ses forces, le regardait froidement, et, comme il se taisait, elle lui dit :

— Après?

— Que voulez-vous que je vous dise de plus?

— C'est vrai. Vous me demandez du temps pour vous décider, voilà tout. Voilà tout ce qu'un homme qui prétend aimer trouve à répondre à la femme qu'il a accablée de ses reproches et de ses sarcasmes! Pourtant cette femme, si hautaine dans ses caprices, si insouciante de l'opinion, ne s'est pas révoltée et a courbé le front; mais elle est assez punie de ce qu'elle a tenté. C'est une leçon pour elle, et elle ne recommencera plus, soyez-en sûr. Adieu, monsieur, je suis votre très-humble servante.

— Lucienne! cria Gaston éperdu en tendant les mains vers elle.

Mademoiselle d'Avremont, déjà sur le seuil de la porte, se retourna vers Gaston.

— Ah! lui dit-elle avec une insolente raillerie, vous aussi vous m'appelez par mon petit nom? Je vois avec plaisir que vous êtes à bonne école avec ces messieurs; mais il n'appartient pas d'accuser les gens à qui profite si bien en leur compagnie. Encore une fois adieu, monsieur. Vous avez raison peut-être dans votre égoïsme et pour votre bonheur; mais, puisque vous avez prétendu m'aimer, puissiez-vous ne jamais vous repentir pour moi de tout le mal que vous m'avez fait!

V

Le débat si violent qui venait d'avoir lieu entre mademoiselle d'Avremont et Gaston Dally ne les empêcha point d'assister à la partie projetée à la baie de la Chaise. Leur absence eût en effet provoqué des commentaires qu'ils tenaient à éviter. Qui sait d'ailleurs? Peut-être, au sortir de la lutte, éprouvaient-ils un secret et douloureux plaisir à se retrouver et à s'observer. Ils devaient se demander si c'étaient bien eux qu'une sourde hostilité séparait. On goûte dans ce cas une sorte de volupté amère à sentir encore en soi tous les frémissements de la colère, de l'indignation et du chagrin. Ils ne firent toutefois aucune tentative pour se rapprocher l'un de l'autre. On remarqua seulement qu'ils avaient le visage altéré, et que le plus souvent ils restaient silencieux; mais cette attitude, pour ceux qui en étaient témoins et qui ne savaient point la vérité, avait une explication dans le prochain départ du *Sylphe*. Dally devait appareiller le lendemain pour une excursion d'une vingtaine de jours. Il semblait dès lors trop naturel que cette absence, si courte qu'elle pût être, leur fût pénible à tous deux.

Mademoiselle d'Avremont était dans une extrême agitation d'esprit et de cœur; mais, du moment où elle s'était séparée de Gaston, elle avait songé à la vengeance. En pareille circonstance, la première idée qui vient aux femmes est de prouver à l'ingrat qui les a repoussées qu'elles peuvent se passer de lui; bien plus, qu'un autre homme sera trop heureux de recevoir comme une grâce suprême le moindre sourire de leurs lèvres, la moindre faveur qu'elles daigneront lui accorder. C'est un mari qu'il leur faut alors à tout prix. Que l'homme qui se présentera puisse ou non être aimé d'elles, ce n'est pas la question. Bien au contraire, si elles doivent souffrir par lui, tout est pour le mieux. L'amant qui n'a pas voulu d'elles, dont elles-mêmes ne veulent plus, ne les en verra pas moins aux bras d'un autre, et n'est-ce point la plus cruelle vue qu'on lui puisse ménager? Ce qu'il y a d'étrange, c'est que la femme ne doute pas qu'elle ne soit aimée encore, et c'est là justement ce qui fait le raffinement de sa triste vengeance. La femme se réjouit de l'infranchissable abîme qu'elle a creusé. Elle se voit tout à fait perdue pour l'homme qui avait fait d'elle le rêve de sa vie. Elle le frappe sciemment dans son âme et dans ses sens. Quel que soit l'avenir, cet homme ne ressaisira rien de la virginité multiple de la femme qu'il aimait. Elle lui a échappé et pour toujours. Ce sentiment est si

fort que certaines femmes offrent à leur amant
de la veille, pour lui torturer le cœur, le spectacle d'une dégradation volontaire. Elles ne sont
point coupables, se disent-elles ; c'est lui qui l'a
voulu. Elles se drapent ainsi dans leur honte et
dans leur infortune, et l'homme ne peut que
pleurer sur leur faiblesse et sur ses illusions détruites. Certes la fière mademoiselle d'Avremont
n'en était point là. Elle ne fût entrée dans aucun
compromis douteux, et pourtant il y avait dans
sa résolution quelque chose d'analogue. Elle
s'était en effet décidée tout de suite à épouser
M. de Tournières. D'abord, par un heureux hasard, elle l'avait sous la main. Ne s'était-il pas
de nouveau proposé lui-même quelques jours
auparavant ? Puis, de tous ceux qu'elle eût pu
choisir, c'était celui-là qui la vengeait le mieux.
Gaston apprendrait bientôt, s'il ne le savait
déjà, que M. de Tournières l'avait aimée, qu'elle-
même l'avait aimé peut-être, et il la verrait,
dans toute sa liberté d'action, dans toute la joie

apparente d'une décision de cœur, revenir à
cet homme, qui le premier autrefois lui avait
parlé d'amour. Gaston serait jaloux et souffrirait.

Elle ne voyait rien au delà. Avec son caractère impétueux et absolu, mademoiselle d'Avremont n'était point femme à différer une résolution prise. Dès le lendemain, elle demandait à madame Priston si M. de Tournières ne viendrait pas bientôt. Gabrielle lui répondit qu'il devait arriver d'un instant à l'autre, mais elle eut l'extrême discrétion de ne point l'interroger. Lucienne lui en sut gré. Il y a de ces secrets qu'on laisse deviner, que l'on ne découvre pas. On veut moins des confidents que des instruments, et de préférence alors on accueille dans la préparation et l'exécution de ses projets ces natures inférieures et subalternes sans doute, mais admirablement faites pour l'intrigue et la complicité. On ne recherche même pas quel intérêt elles peuvent avoir à nous servir, on s'ex-

plique naïvement l'aide qu'elles vous prêtent
par la supériorité qu'on se sent à leur égard et
par la condescendance qu'on leur témoigne en
s'appuyant sur elles. Aussi Lucienne ne s'in-
quiéta point du dévouement que lui montra madame Priston ; elle jugea qu'il lui était dû et au
delà pour les bontés qu'elle avait toujours eues
envers la jeune femme et pour les services tout
personnels d'argent ou de protection qu'elle lui
avait parfois rendus. En revanche, elle conta
avec une sorte de complaisance à Julie tout ce
qui s'était passé entre elle et Gaston. Elle affecta
de ne plus se rappeler ou de nier les conseils de
prudence que la jeune femme lui avait donnés,
et conclut de l'hésitation même du commandant
au droit qu'elle avait eu de le presser et de savoir à quoi s'en tenir sur ses assiduités. C'était
là une situation qui ne pouvait se prolonger, et
dans le vif de laquelle elle n'avait eu que trop
de raisons de trancher. Lucienne, vis-à-vis de
son amie, fut volontairement et avec mauvaise

foi injuste pour Gaston. Elle fit bon marché du
chagrin indigne d'elle qu'elle avait pu éprouver,
et calomnia la conduite et les intentions de
Dally. Elle alla si loin que madame Durand prit
la défense du jeune homme et qu'une brouille
s'ensuivit entre elle et mademoiselle d'Avremont. Celle-ci en fut enchantée. Elle n'aurait
pas du moins en Julie un incommode censeur de
ses desseins. Dès lors elle savoura le coup de
théâtre qu'elle préparait. Dès que Gaston reviendrait, elle comptait lui apprendre elle-même
son prochain mariage et jouir de sa souffrance
et de sa confusion. Elle s'applaudissait qu'il ne
fût point là. Cette nouvelle ne s'ébruiterait point
pour lui, elle lui arriverait avec la rapidité de la
foudre. Toute frémissante de dépit et de courroux, bien qu'elle ne voulût pas se l'avouer, elle
spéculait par instants sur les côtés les moins
élevés du caractère de l'officier de marine, et le
jugeait déjà aux regrets d'avoir laissé échapper
le riche mariage qui s'était offert à lui. Certes il

fallait que la blessure fût bien vive en elle pour qu'elle descendît à ces honteuses pensées. En même temps elle redevint tout à coup charmante pour son entourage et reprit toutes ses habitudes de vie folle et dissipée. Elle s'entendit à la hâte avec M. Dourhal, chez qui elle plaça la plus grande partie de sa fortune. Toute sa maison de Paris arriva à Pornic. Le chevalier fit un voyage tout exprès et ramena bêtes, gens et voitures. Ce ne fut plus dès lors au Petit-Château que bals et concerts le soir, courses effrénées à cheval dans la journée. Mademoiselle d'Avremont se livrait au plaisir avec une sorte d'acharnement. Madame Durand pensait qu'elle cherchait à s'étourdir, mais madame Priston s'efforçait de prouver à Lucienne qu'elle était fort heureuse, et que le véritable rôle d'une femme est de jouir, dans l'éclat et le mouvement renaissant des fêtes, de sa jeunesse et de sa beauté.

Sur ces entrefaites arriva M. de Tournières. Madame Priston, en le tenant au courant de ce qui se passait à Pornic, lui avait indiqué l'instant précis où il devait venir. Il avait fallu que Lucienne, impatiente de se servir de lui, pût craindre qu'il ne vînt pas. Elle le reçut avec une contenance calme, dégagée en apparence de toute préoccupation, et lui dit :

— Vous voilà donc venu à résipiscence. — Et comme il s'inclinait en lui baisant la main, elle ajouta : — Il était écrit que nous nous retrouverions. Demain nous causerons de choses sérieuses.

Toutefois, bien qu'elle s'attendît à revoir M. de Tournières, qu'elle eût même désiré et hâté son arrivée, elle n'avait pu se défendre à son aspect d'une impression presque sinistre. Elle avait ressenti cette commotion indéfinissable, tout intérieure, qui nous avertit instinctivement du danger. Elle eut non-seulement le pressentiment du péril, mais encore la conscience qu'elle commettait une faute. Est-ce donc qu'elle se souvenait de ce que M. de Tournières avait été pour elle, l'habile courtisan de sa fortune jusqu'à ce qu'une plus haute fortune l'eût séduit? Elle n'avait pas besoin de se le rappeler, elle le savait; mais après tout était-ce là un si grand crime? Si elle s'en était irritée autrefois, n'avait-elle pas depuis lors assez vu le monde pour savoir que cet égoïsme intelligent dirige presque tous les hommes au moment où ils se choisissent une compagne? M. de Tournières n'avait pas été autrement coupable. Aujourd'hui, par la position qu'il occupait, par la dot même qu'il apportait, par sa bonne éducation, ses relations, ses habitudes, il était de tout point un mari fort convenable. Lucienne se raisonnait, mais l'impression funeste subsistait au lieu de s'effacer. Il y avait par conséquent autre chose dans cette appréhension singulière du projet qu'elle avait formé. C'était le souvenir de Gaston qui, quoi qu'elle fît pour le chasser, persistait dans son cœur et dans son esprit. Elle le revoyait, comme s'il eût été véritablement devant elle, souriant, le regard assuré, noble et loyal, ainsi qu'elle s'était figuré qu'un homme pût et dût être. Elle s'indignait de cette vision, car cet homme qui se présentait si vivant à ses yeux était celui de ses illusions et de ses rêves, et non celui de la réalité. Ce dernier, elle ne l'avait que trop vu. N'était-il pas tombé dans la vulgarité des soupçons et des hésitations défiantes? M. de Tournières ne s'était autrefois arrêté que devant une question d'argent, tandis qu'en reculant devant les calomnies du monde, c'était d'elle-même que Gaston avait douté. Bien plus donc que M. de Tournières, il l'avait offensée. Voilà ce que Lucienne se disait en vain. Le secret sentiment de peur qui l'avait envahie continuait à l'obséder. Alors, presque malgré elle, dans ce trouble qu'elle ne dominait pas, elle en vint à un compromis qui la rassura. Rien ne la forçait à précipiter son mariage. Elle avait les jours devant elle, et même, à la dernière heure, il lui était toujours loisible de tout suspendre. Jusque-là elle étudierait M. de Tournières et reviendrait probablement sur l'impression dont elle n'avait pu se défendre à sa vue, et que de lointains souvenirs évoqués par sa présence ou quelques regrets dont elle rougissait pour un ingrat qui l'avait méconnue avaient seuls peut-être motivée.

De Tournières s'était présenté avec une assurance modeste, en homme qui n'ignore point qu'il a des torts à se faire pardonner, mais qui croit pouvoir y réussir. Son âge, ses anciennes relations avec Lucienne, son grand usage du monde, son habileté diplomatique, lui donnaient sur la jeune femme un certain ascendant. Il sut se faire une contenance digne, aussi éloignée de l'obséquiosité que d'une trop grande confiance en soi. D'ailleurs, il arrivait sans illusions et avec la ferme intention de conclure un mariage qu'il jugeait avantageux à sa fortune et à sa carrière. Il savait parfaitement qu'une déception de cœur lui livrait mademoiselle d'Avremont; mais il savait aussi qu'il pouvait, pour l'avenir, s'en remettre à sa loyauté. En ce qui le regardait, tout était donc bien. Il n'avait point à éclairer Lucienne sur ses véritables intérêts d'amour et de bonheur, qui eussent été contraires aux siens ; il ne s'agissait pour lui que de la maintenir dans la disposition d'esprit où elle était. La tâche néanmoins, toute de patience et de savoir-faire, n'était pas aussi facile qu'il eût voulu se la figurer. Il pouvait surprendre chez Lucienne les soubresauts de la passion et du chagrin dans cette froide voie où elle marchait tantôt avec résolution, tantôt en s'étourdissant elle-même. Elle avait formellement accepté la cour de M. de Tournières et parlait souvent avec lui de leur prochaine union, mais c'était en l'épiant, en le provoquant, comme si elle eût été heureuse d'avoir tout à coup quelque prétexte de le quereller et de se rejeter en arrière. Il fallait à ce prétendant obstiné toutes les forces de sa volonté, toutes les ressources de son esprit pour s'établir pied à pied dans la position où on l'avait tout d'abord appelé, mais dont les pentes, alors aisément franchies, pouvaient, au premier faux pas qu'il ferait, devenir pour lui si dangereusement glissantes. Heureusement il avait dans madame Priston l'alliée la plus sûre, la plus intelligente, la plus utile. Elle le soutenait, l'encourageait, le guidait avec un dévouement de chaque minute. C'est qu'au fond elle agissait pour elle-même.

Après avoir été, au début, l'ambassadrice très-désintéressée de M. de Tournières, elle avait peu à peu entrevu et poursuivait maintenant un plan tout personnel. Si, en sa qualité de jolie femme, elle avait, la première fois qu'elle le vit, trouvé fort à son goût le capitaine du *Sylphe*, elle s'était aperçue bientôt qu'une liaison sérieuse s'ébauchait entre Lucienne et lui. Elle avait dû en demeurer spectatrice, mais elle en avait suivi toutes les phases avec un puissant intérêt. A la baie de la Chaise, elle avait deviné en partie ce qui avait eu lieu entre Dally et mademoiselle d'Avremont.

Leur mutuelle contrainte ne lui avait point paru tenir seulement au chagrin d'une séparation momentanée. Dès le lendemain, les ouvertures que lui avait faites Lucienne au sujet de M. de Tournières l'avaient complétement éclairée. Dans l'entrevue que mademoiselle d'Avremont s'était ménagée avec Gaston, il avait dû, entre eux, être question de mariage, et pour une raison ou pour une autre, ils ne s'étaient point entendus. Madame Priston, que sa coquetterie seule avait jusqu'alors entraînée vers Dally, songeait à se faire épouser par lui. Ce résultat sérieux la dominait tout entière. Cette femme frivole envisageait le but avec beaucoup de réflexion et un certain trouble de cœur. Gaston lui plaisait, mais elle voyait surtout dans cet hymen un dénoûment à l'existence incertaine et discutée qu'elle était forcée de mener. Elle savait trop que la protection dont la couvrait son oncle, M. de Nerlac, n'était qu'à moitié admise. Cette protection, s'exerçant désormais non plus par l'argent, mais

par des faveurs au bénéfice d'un mari dans une
position honorable et enviée, serait toute naturelle. De plus, sans être riche, Dally avait quelque aisance. Madame Priston, en femme posi-
tive, un peu éclectique, calculait les divers pro-
fits des longues absences, tant au point de vue
des économies réalisables qu'à celui de sa liberté
féminine. Si elle tenait beaucoup à son titre de
veuve, du moins en épousant Gaston, elle le serait encore en effigie. Cette idée la faisait sourire; mais de bonne foi aussi elle se proposait,
rien ne l'y devant contraindre, d'être la très-
honnête femme de ce galant homme. L'important
était de le devenir. Aussi avait-elle favorisé le
retour de M. de Tournières et lui venait-elle en
aide de tout son pouvoir dans la lutte qu'il avait
à soutenir. Elle eût voulu que son mariage avec
Lucienne se fît promptement. De même que le
désir de se venger aurait jeté Lucienne aux bras
de M. de Tournières, un désir semblable pouvait
rapprocher de madame Priston Gaston éperdu

et désolé. Gabrielle étudiait à l'avance dans toutes ses nuances, dans ses irrésistibles mouvements, ce rôle de sœur de charité rempli par une femme jolie, entreprenante et habile auprès d'un jeune homme que solliciteraient les aiguillons de la passion déçue; mais elle s'alarmait du retard que mettait Lucienne à l'accomplissement de son mariage. C'était chose convenue, il est vrai; mais, bien que les affaires d'intérêt, qui étaient la grande préoccupation du mari, fussent déjà réglées, aucun jour n'avait été pris pour la signature du contrat. Lucienne semblait vouloir attendre, et M. de Tournières n'osait montrer une trop grande impatience. Or, madame Priston pressentait ce qu'attendait Lucienne : c'était le retour de Gaston. Le faisait-elle simplement dans un insultant dessein à l'égard de Dally? Quelques mots qu'elle avait dits à Gabrielle pouvaient le faire croire à celle-ci; mais Gabrielle n'ignorait pas non plus que les deux amants, mis en présence, reviendraient peut-être l'un à l'autre. Elle maintenait donc avec le plus grand soin M. de Tournières sur le qui-vive et observait pour sa part une réserve prudente. Elle craignait surtout que Lucienne soupçonnât quelque chose de ses projets. Une pareille découverte pouvait, par la colère ou la peur d'être jouée, ramener soudain vers Gaston une femme telle que mademoiselle d'Avremont. Toutefois, à mesure que les jours s'écoulaient, il paraissait de plus en plus certain que rien d'officiel ne se conclurait entre Lucienne et M. de Tournières avant l'arrivée de Dally. Madame Priston se tenait prête à toute éventualité, mais elle avait besoin de toute sa puissance sur elle-même pour dissimuler les secrètes inquiétudes et les fébriles agitations qui la torturaient.

Si ces divers sentiments remuaient très-vivement M. de Tournières, Lucienne et madame Priston, les jours étaient pour Gaston pleins d'anxiété et d'angoisse. Il était parti désespéré, sans réfléchir. Encore à l'émotion du combat, il ne se rendait point compte des coups qu'il avait portés, de ceux qu'il avait reçus ; mais une fois à la mer, le soir même de son départ, quand le calme d'une belle nuit sur les flots tranquilles, sous le ciel impassible et semé d'étoiles, se fut en quelque sorte imposé à son cœur et à sa raison, il vit clair dans sa position et s'épouvanta. Qu'avait-il donc fait ? Il avait ouvert l'oreille aux calomnies du monde, et, sans pitié, dans l'aigreur et la colère, s'abandonnant à d'indignes soupçons, il avait frappé l'infortunée qui s'offrait à lui. Il n'en revenait point et sentait avec quelle ivresse il l'aimait. Il comprenait enfin que certaines femmes telles que Lucienne, douées d'une beauté singulière, d'une imagination vive, d'une intelligence rare, ne se doivent pas juger selon les règles étroites d'une morale de convention. On peut regretter leurs écarts comme on s'afflige des quelques imperfections d'un chef-d'œuvre ; mais il y a impertinence et folie à leur

faire un crime de leur nature ardente, extrême
et mobile. Il faut être pour elles bon et secoura-
ble, les avertir doucement, les conduire dans la
voie qui leur est la plus honorable et la plus
heureuse, non les heurter de front et les irriter.
Gaston mesurait toute l'étendue de sa faute; il
se rappelait les dernières paroles de Lucienne.
La triste menace qu'elles renfermaient lui revenait sans cesse à l'esprit. Que pouvait-elle donc
faire? Il ne songeait point à M. de Tournières,
dont il ne savait pas le prochain retour, mais il
redoutait quelque excentricité folle de mademoiselle d'Avremont. Il ne se faisait point illusion. De quelque manière qu'elle prétendît se
venger de lui, c'est elle qui souffrirait le plus
cruellement. Il eut la pensée de lui écrire. C'é-
tait bien simple, il n'avait qu'à lui demander
pardon et à lui dire qu'il l'aimait. Il ne l'osa pas.
Ne l'avait-il point trop profondément blessée
pour qu'elle pût aussi vite revenir à lui? Du
moins en jugeait-il ainsi. Il se répétait avec une

grandissante amertume que le bonheur avait passé à sa portée et qu'il n'avait point su le saisir. Tous ces souvenirs se pressaient dans sa mémoire. L'image de Lucienne ne le quittait pas. Parfois il se figurait avoir fait un rêve et se complaisait à l'évoquer. Il se souvenait de ce petit chemin qu'il prenait pour aller la voir, de ce salon où il l'attendait, où elle entrait tout à coup comme une rayonnante apparition. Certaines intonations de sa voix, semblables à de mélancoliques hallucinations, le poursuivaient. Il croyait l'entendre, fermait les yeux, l'entendait réellement. Ainsi nous reviennent vivantes, par le choc en retour de nos sens et de notre pensée vivement ébranlés, les heures sombres ou radieuses de la vie. Quand les premiers jours se furent écoulés, il ne se préoccupa plus que de laisser passer les autres. Il reverrait Pornic, et tout sans doute ne serait point perdu pour lui. N'était-il donc point sûr que Lucienne l'avait aimé, et pouvait-elle ne plus l'aimer? Il flottait

ansi de la crainte à l'espoir et s'attendrissait à
cette perspective du retour. Il avait le cœur plein
d'indulgence, de passion, de dévouement et de
tendresse. Si Lucienne eût été là, il se serait jeté
à ses pieds et fût parvenu à la fléchir. Il allait
être bientôt auprès d'elle, pourquoi ne lui se-
rait-il pas donné de l'implorer et de la reconquérir ?

VI

Au bout de vingt jours, Dally revint. C'était
la plus étroite limite dans laquelle il avait pu
s'acquitter des devoirs de son service. Le *Sylphe*
entra par un beau soleil dans la baie de Bourgneuf, et longea la côte pour se rendre au mouil-
lage. Gaston regardait avidement autour de lui.
Rien ne lui parut changé, et il en tira un bon au-
gure. C'est que nous aimons à nous persuader
qu'il y a une sympathie secrète entre les sentiments qui nous agitent et les lieux où nous vi-
vons. Le Petit-Château se découpait sur le ciel
bleu, et la mer venait lécher les marches de

l'escalier. Bientôt Gaston descendit à terre dans sa baleinière. Il mit le pied sur le quai avec un mouvement de joie. Rien ne l'empêchait, s'il le voulait, d'accourir chez Lucienne et d'y retrouver l'existence qu'il y avait quittée; mais il eut à peine fait quelques pas, que les personnes qu'il salua lui apprirent, soit à dessein, soit par le désœuvrement avec lequel les oisifs colportent les nouvelles, le prochain mariage de la belle mademoiselle d'Avremont avec M. de Tournières. Gaston, quoiqu'il eût le cœur déchiré, fit bonne contenance. Dès lors toutefois il n'était plus question pour lui d'aller chez Lucienne. Qu'y ferait-il? Toutes ses espérances, brisées par ce coup soudain, le laissaient là, sur le quai, hésitant, anéanti; il n'était pas bien certain d'être à Pornic, et s'étonnait de voir les paisibles habitants du petit bourg vaquer à leurs affaires. Il pensa bientôt à madame Durand. Aux premières heures de son chagrin, après sa pénible entrevue avec Lucienne et avant qu'il ne prît la mer, elle l'avait interrogé avec tant de douceur et de bonté, qu'il lui avait avoué la plus grande partie de la vérité. Elle s'était toujours montrée son amie, et il apprendrait par elle tout ce qu'il avait besoin de savoir. Il alla chez elle. Madame Durand venait de partir pour la plage avec ses enfants. Gaston n'osa point l'y chercher. Il se représenta la plage couverte de baigneurs et pleine de bruits joyeux. Puis Lucienne y serait sans doute, et il ne se jugeait point assez fort encore pour affronter sa présence. Il revint tristement à bord, se promena avec découragement sur le pont, et laissa passer l'heure où il eût pu se présenter chez Julie à son retour du bain. Il n'avait même plus ou croyait du moins ne plus avoir la curiosité de rien apprendre. Cependant, au commencement de la nuit, lorsque les fenêtres du casino s'éclairèrent, il quitta de nouveau son bord. Par un revirement de sa pensée et de ses émotions, il avait maintenant le désir de rencontrer Lucienne et de voir comment

elle se comporterait envers lui. Il n'était plus
triste, il était irrité, et sentait le feu de la colère
courir dans ses veines. Il entra au casino au
moment où l'on faisait les préparatifs de la
soirée.

Ce jour-là, il y avait bal. Les domestiques
rangeaient les banquettes dans le grand salon
du fond, qui s'ouvrait sur le jardin, ou suspendaient aux arbres et à l'entour des bassins des
lanternes vénitiennes. Ce luxe banal, ces allées
et venues des serviteurs agaçaient Dally. Il se
rappelait pourtant que ces feux de couleur sous
le feuillage vert ou se réfléchissant dans l'eau
lui avaient paru jolis. Il soupirait alors, et dans
son cœur abattu, le languissant souvenir des
bonheurs passés prenait la place de l'impatience
et du courroux.

Il s'était assis sur un banc, à une sorte de car-
refour auquel aboutissait la principale avenue
qui menait de la salle de bal au jardin et qu'é-
toilaient d'autres allées plus petites. De là il re-

gardait distraitement les musiciens qui arrivaient un à un, s'asseyaient à l'orchestre et accordaient leurs instruments, puis quelques femmes en toilette que leurs cavaliers conduisaient à leurs siéges ou promenaient aux abords mêmes du salon. Tout à coup M. et madame Durand, venus par une des petites allées, lui souhaitèrent le bonjour. Dally se leva et se mit à causer amicalement avec eux, mais en affectant de ne point parler de Lucienne. Peut-être la présence de M. Durand le gênait-elle, ou peut-être aussi, mettant quelque orgueil à ne point découvrir le premier sa souffrance, attendait-il que madame Durand vînt à son aide et le questionnât. Le mari de Julie comprit ce que cette position pouvait avoir de pénible pour Gaston, et lui dit : Je vous laisse ma femme, je vais voir si le bal ne commencera pas bientôt.

— Eh bien ! dit Gaston quand M. Durand fut parti, je sais que mademoiselle d'Avremont se marie. Comment cela s'est-il fait ?

Madame Durand lui raconta, autant qu'elle avait pu en être témoin ou le deviner, tout ce qui s'était passé depuis son départ.

— Et, reprit Gaston, ne vous a-t-elle rien confié de ses projets?

— Non. Je l'ai à peine vue d'ailleurs. Elle semble me fuir et m'en vouloir.

— Et de quoi?

— J'avais voulu l'empêcher de vous parler comme elle l'a fait, et je lui avais presque prédit ce qui est arrivé; mais vous voilà, reprit-elle avec chaleur, et j'espère que tout n'est pas fini. Il y a eu entre vous et elle un déplorable malentendu. Lucienne a une tête vive, mais un cœur excellent. Elle peut revenir sur ses pas.

— N'en croyez rien, fit Gaston. Sa fierté offensée ne pardonne point. Vous ne l'avez pas vue comme moi avec l'éclair dans les yeux, le dédain sur les lèvres. J'atteste Dieu cependant qu'il n'y a pas de ma faute. Je ne pouvais accepter ainsi ce qu'elle me proposait quand j'avais le cœur plein de trouble et de douleur. Je souffrais autant qu'elle en lui résistant. C'est que je l'aimais. Elle eût bien dû le voir.

Julie lui prit la main.

— La voici, lui dit-elle.

— Oui, répondit Gaston, avec lui, à son bras.

Lucienne s'avançait en effet au bras de M. de Tournières. Elle était vêtue de cette façon un peu théâtrale, quoique très-simple, qui lui plaisait. Elle portait une robe de mousseline blanche avec une haute ceinture cerise à larges bouts flottants et dans ses cheveux noirs une branche de houx qui contournait son front. Sa démarche semblait à la fois irrésolue et hautaine. Elle parlait, mais sa bouche souriante était légèrement crispée. Elle avait d'ailleurs la tête droite et les yeux empreints d'une certaine dureté. C'est qu'elle voyait Gaston devant elle, et que le jeune homme, se dressant de toute sa taille, paraissait à chaque pas qu'elle faisait la défier plus ouvertement. Cela n'était point pourtant, car, bien que frémissant intérieurement, Dally ne songeait encore qu'à supporter sans faiblesse une telle rencontre. M. de Tournières, correct et compassé, se faisait un visage immobile; Leiritz, de Ksannec, Dourbal, quelques autres jeunes gens, escortaient bruyamment Lucienne. Celle-ci venait droit à Gaston et s'arrêta devant lui.

— Vous voici de retour, commandant? lui dit-elle d'une voix qu'elle s'efforçait de rendre calme, mais qui vibrait d'émotion. Je suis bien aise de vous voir.

Gaston se contenta de s'incliner.

— Monsieur de Tournières, continua Lucienne, je vous présente M. Dally, le commandant du *Sylphe*, et vous, commandant, permettez-moi de vous présenter M. de Tournières.

Elle hésita une seconde en plongeant ses yeux dans ceux de Dally, comme si elle eût attendu quelque manifestation de sa part, et, voyant qu'il demeurait impassible, elle reprit avec un accent de provocation froide :

— Et de vous faire part de mon mariage avec lui.

Puis se tournant vers les hommes qui l'accompagnaient :

— C'est officiel, messieurs. Le contrat se signe après-demain chez moi. Tous mes amis y seront, et j'espère, commandant, acheva-t-elle en s'adressant à Dally, que vous voudrez bien y venir.

— Certes, mademoiselle, fit simplement Gaston.

Il la regardait en face. Lucienne, qui avait quelque peine à soutenir ce regard, se pencha vers Julie.

— Et toi ? lui dit-elle.

— Tu sais, répondit très-brièvement madame Durand, que je suis un peu souffrante.

— Comme tu voudras, repartit Lucienne.

La musique du Casino jouait les préludes d'un quadrille.

— Allons, messieurs, s'écria mademoiselle d'Avremont, ouvrons le bal. Monsieur de Ksannec, qu'avez-vous donc fait de madame Priston?

— Elle était avec nous il n'y a qu'un instant.

— Au revoir, Julie, fit Lucienne en s'en allant; au revoir, commandant.

Leiritz s'était approché de Gaston.

— Je crois, mon cher, lui dit-il, que j'avais calomnié ton rendez-vous avec mademoiselle d'Avremont. Ce n'était pas si sérieux que je le pensais; mais il ne faut pas t'en plaindre. Les plus courtes folies sont les meilleures. Avec ton caractère, tu aurais pu devenir dangereusement épris, et il vaut mieux que cela ne soit pas.

— C'est aussi mon avis, répondit tranquillement Gaston; puis, quand Leiritz se fut éloigné, il revint à Julie : —Eh bien ! madame, que vous avais-je dit?

Madame Durand était en même temps indignée et stupéfaite.

— Oh ! murmura-t-elle, je n'aurais jamais cru cela de Lucienne. Il faut qu'elle souffre bien.

Gaston haussa les épaules.

— Elle! pas le moins du monde. Elle se donne le plaisir de la vengeance. Je revenais pourtant plein d'indulgence, je dirai mieux, de repentir; mais c'est trop me braver. Tout est fini maintenant.

Il fit quelques pas avec agitation. Julie, qui était restée assise, se leva.

— Voici mon mari qui me cherche. Je vous laisse, commandant. Venez nous voir. Vous avez plus de chagrin que vous n'en voulez laisser paraître. Nous sommes vos amis, vous le savez.

— Merci, madame, dit Gaston.

La colère et le chagrin ne se partageaient plus le cœur du jeune homme; la colère y régnait seule. Il ne revenait pas de l'audace de mademoiselle d'Avremont. Quoi! elle lui avait dit, de propos délibéré, qu'elle épousait M. de Tournières. Elle le lui avait dit avec une impudeur presque joyeuse. Qu'est donc l'amour pour les femmes, si elles l'oublient aussi vite, et surtout si elles se hâtent à ce point de proclamer l'oubli et le mépris qu'elles en ont? Qu'est-ce donc à leurs yeux que cet entraînement du cœur auquel elles se livrent avec tant d'apparente loyauté et de confusion feinte, dont elles font l'unique et sublime poésie de leur existence, qu'elles exal tent et divinisent avec toutes les éloquences de la parole, du regard et du sourire? N'est-il qu'une comédie qu'elles se jouent à elles-mêmes, et qu'elles sont les premières à dédaigner quand elles en ont épuisé les rapides et passagères émotions? Ainsi cet amour que Lucienne lui avait montré n'avait été qu'un court incident dans sa vie. Le changement était si prompt que Gaston en rougit presque pour mademoiselle d'Avremont. Aussi lui vint-il une autre idée, c'est qu'elle pouvait réellement aimer cet ancien prétendant, qu'elle n'avait peut-être jamais cessé de l'aimer. Cette pensée le rendit soudain jaloux. C'est qu'alors en effet, pendant les quelques jours qu'il s'était cru aimé de Lucienne, il n'aurait point été seul dans son cœur. Puis, par une subite évolution d'esprit, il se demanda si M. de Tournières aimait la jeune femme. Cet homme qu'il n'avait vu que quelques minutes, dont le regard était terne et voilé et le visage habilement composé, ne lui inspirait point de confiance. Il était tout prêt à le haïr; il le haïssait. Cet impétueux mouvement de son âme avait emporté Gaston. Il se prit à en rire. Et vraiment que lui importait tout cela? Que mademoiselle d'Avremont fût heureuse ou malheureuse, de quoi allait-il s'embarrasser? Il se dit pourtant qu'il irait à la signature du contrat, car dans le cas contraire Lucienne était femme à se figurer qu'il avait eu peur d'y aller, et elle triompherait. Non, certes, il serait là; il assisterait à ce spectacle en souriant. C'est égal, il s'était bien abusé sur le compte de cette femme qu'il avait crue noble et grande. Il cessa de marcher et se laissa tomber sur un banc.

— N'y pensons plus, se dit-il, il n'y a en elle que de l'orgueil et de la cruauté.

Cependant Lucienne dansait avec M. de Tournières, madame Priston et Bertrand de Ksannec leur faisaient vis-à-vis. Gabrielle n'avait pas voulu assister à la rencontre de mademoiselle d'Avremont et de Dally, mais elle se la faisait raconter par Ksannec. En même temps elle observait Lucienne, dont l'animation était fébrile, et M. de Tournières qui lui parlait sans qu'elle l'écoutât et dont l'attitude trahissait un certain malaise. C'est que, pour un homme aussi expérimenté que lui comme pour madame Priston, il était visible que Lucienne était en proie à tout le désordre d'esprit où l'avait jetée l'acte irréfléchi qu'elle venait de commettre, et qu'elle était également capable, en ces égarements de sa fierté et de son cœur, de s'acharner à sa résolution ou de revenir aventureusement sur ses pas. Lorsque le quadrille fut terminé, madame Priston s'approcha de M. de Tournières.

— Voici venu, lui dit-elle, le danger que j'avais prévu et que je redoute. Je vais, avant qu'il n'éclate, y parer de mon mieux. Gardez Lucienne près de vous tant qu'il vous sera possible. Je vais, moi, tâcher de voir M. Dally.

Elle choisit pour sortir de la salle du bal un moment où personne ne la remarquait, et se dirigea vers l'endroit où elle espérait trouver Gaston. Il était encore assis sur le banc du jardin, la tête dans ses mains. Madame Priston, qui arrivait sans bruit, lui dit doucement :

— Que faites-vous là à rêver tout seul, commandant?

Gaston tressaillit et leva les yeux.

— Je ne rêve pas, dit-il à Gabrielle en la saluant; je me repose. J'ai passé la nuit dernière à la mer, et j'ai à peine dormi.

— Voulez-vous, dit-elle, que je vous tienne compagnie?

— Ah! madame! s'écria Gaston, me demander une semblable permission!

Madame Priston s'assit à côté de lui sur le

banc, s'y installa en faisant bouffer ses jupes, et reprit en souriant :

— C'est que je ne suis pas comme Lucienne, commandant. Je ne me fais point une idée exagérée de mon mérite et de mon droit de domination sur les hommes. Cela ne convient qu'à une personne sûre d'être aimée ; elle peut alors agir ainsi qu'elle le veut et même frapper sans pitié avec la certitude, non-seulement d'être pardonnée, mais plus aimée encore.

Gaston se mit à rire.

— En ce cas, je plains M. de Tournières, s'il est amoureux de mademoiselle d'Avremont. Je crois qu'elle frappe volontiers ceux dont elle s'imagine être aimée.

— Oh ! fit Gabrielle, lui en a l'habitude.

— C'est vrai, reprit Gaston, j'oubliais son fameux coup de cravache.

Madame Priston regarda le jeune homme.

— Vous dites ceci avec amertume, fit-elle ; puis, lui touchant le bras : — Vous aimez Lucienne.

Gaston, que ce début de conversation mettait sur ses gardes, sut rester calme.

— Moi? répondit-il, ah! mon Dieu non! Mademoiselle d'Avremont a été fort aimable pour moi, et naturellement j'ai répondu à cette amabilité avec plaisir, mais de là à aimer une femme il y a loin.

Madame Priston secoua la tête.

— Ne cherchez pas à me tromper. Je suis trop clairvoyante, et, ajouta-t-elle avec une mélancolie coquette, j'ai mes raisons pour cela.

— Lesquelles? demanda Gaston avec plus de surprise que de curiosité.

— Quel ton froid vous avez! reprit madame Priston. Si c'est ainsi que vous m'interrogez sur un de ces secrets que les femmes ne laissent jamais échapper que dans un moment d'expansion et de confiance, ce n'est pas le moyen de le savoir. Elle s'arrêta, et avec un habile changement d'intonation : — Ce n'en est point l'heure d'ailleurs, ajouta-t-elle ; je ne viens maintenant à vous qu'en amie, et ne cherche à supplanter personne; ce serait trop présomptueux à moi. Qu'il vous suffise de savoir que j'ai pour vous beaucoup de sympathie, d'affection...

— Madame, balbutia Gaston interdit.

— Et que je suis heureuse que ce projet de mariage entre Lucienne et vous ne se soit pas réalisé.

— Il n'y a pas eu de pareil projet! s'écria Gaston.

— Tant mieux, si vous dites vrai, commandant, fit lentement Gabrielle, qui demeura quelques instants rêveuse. Puis elle dit tout à coup : — Avez-vous jamais aimé?

Cette nouvelle question avait de quoi étonner Dally. Toutefois il pensa que madame Priston avait sans doute quelque thèse de jolie femme à soutenir, et il résolut de se prêter à ce caprice. Il crut même, en cherchant à se rendre compte de ce qu'il éprouvait, lui répondre avec sincérité :

— On croit toujours avoir aimé, madame, lui

dit-il. Au fond, on n'en sait rien. Je regarderais volontiers l'amour comme une crise plus ou moins forte qui revient à certains intervalles tant que dure la jeunesse, mais jamais la même, et dans des situations toujours différentes. Quand on les juge d'un peu loin, on ne conçoit plus guère les sensations extraordinaires qu'on a ressenties, et on se demande si elles ont été réelles.

— Oui, répliqua madame Priston, quand l'amour est passé, il en est peut-être ainsi, et vous avez sans doute raison ; mais tant qu'il existe, et avant l'accord délicieux qui doit le couronner, il est rare qu'entre l'homme et la femme il ne soit pas un combat. Au milieu même des soins les plus tendres qu'on se prodigue, de cette séduction du cœur qui se déploie, de l'entraînement si vif que l'on subit, les caractères se tâtent, les volontés s'essayent l'une contre l'autre, les sentiments s'éprouvent. De là ces moments d'incertitude et de découragement, ces mouvements inattendus de colère, de gêne

ou de révolte qui éloignent ou rapprochent violemment les amants, jusqu'à ce qu'enfin le plus
faible s'avoue vaincu et trouve dans sa défaite
même le calme qui l'avait fui et le bonheur
qu'il rêvait. Je ne dis point de mal d'une semblable lutte, car elle unit étroitement et pour
jamais ceux qui se la sont livrée; mais je sais
que, pour ma part, elle m'effrayerait, et que je
ne la soutiendrais pas longtemps. Je ne suis pas
une femme forte et je me rendrais, croyant plus
facile et meilleur d'obéir que de commander,
estimant surtout que c'est notre vrai rôle, à nous
autres femmes.

Gaston, tout à la fois défiant et troublé, s'était
laissé gagner peu à peu au charme de Gabrielle.

— Pourquoi me dites-vous tout cela, madame? lui demanda-t-il.

— Parce que;... mais j'entends les mesures
de la valse que j'ai promise à M. Leiritz, votre
ami. Il ne faut pas qu'on vienne me chercher
ici. Que dirait-on? Je reviendrai plutôt.

Elle s'était levée, toute pressée de partir. Gaston la retint.

— Oui, revenez, fit-il, je vous en prie ; mais avant de partir répondez-moi.

— C'est que s'il m'arrivait de vous aimer, comme il faut que la femme qui aime finisse toujours par céder, je ne voudrais pas qu'il y eût entre nous la rupture qui a eu lieu entre vous et Lucienne. J'obéirais d'abord, sauf à reprendre ma revanche après. A bientôt !

Et, prenant congé de Gaston, elle s'enfuit triomphante et légère. Il la suivit un instant du regard et revint pensif à sa place. Dans tout ce que lui avait dit madame Priston, ces mots-ci l'avaient surtout frappé : « l'amour est un combat. » Certes il ne le savait que trop, mais pour la première fois il se demanda si dans ce combat il n'avait point fait preuve d'autant de niaiserie que de faiblesse. Tel semblait être l'avis de Gabrielle. Elle était femme et devait avoir raison. Loin d'en être, ainsi que quelques heures auparavant, aux regrets d'avoir méconnu ou blessé Lucienne, il se rappelait en rougissant presque de son peu d'énergie les diverses circonstances de sa dernière entrevue avec elle. A diverses reprises, mademoiselle d'Avremont avait pu croire qu'il était prêt à se rendre, et ne devait pas lui pardonner de ne l'avoir point fait. Elle avait un caractère de fer, il eût dû le courber jusqu'à ce qu'il se brisât. Loin de là, il avait imploré des délais, montré à Lucienne qu'il souffrait. Ah! il l'avait bien perdue par sa faute. Cependant, il se demandait aussi pourquoi madame Priston était venue le trouver. Que lui voulait-elle? Si elle l'avait à la fois persiflé et caressé, c'est qu'elle avait quelque dessein. Lequel? Serait-ce par hasard Lucienne qui l'aurait envoyée pour savoir dans quel état il était? Cette supposition était une folie. Mademoiselle d'Avremont ne songeait assurément pas à lui. En tous cas, cette mission de Gabrielle n'aurait pas eu une influence heureuse. Il se sentait dans une disposition plus hostile encore. Peut-être madame Priston, toujours si prévenante à son égard, n'avait-elle parlé que pour son propre compte. Serait-ce donc qu'elle l'aimerait? Il ne lui manquait plus que de s'imaginer une telle chose! S'il en jugeait par ce qui lui était arrivé avec Lucienne, la fatuité lui réussissait bien! Madame Priston n'allait pas au moins se figurer qu'il l'épouserait. Une femme comme elle avoir une telle idée, ce serait bizarre. Néanmoins, que les avances qu'elle lui faisait fussent ou non sincères, il se proposa de ne les point repousser. Dans les circonstances assez difficiles qu'il allait traverser, elles lui serviraient de maintien vis-à-vis du monde et de Lucienne elle-même. Lucienne! il venait de prononcer son nom, et de nouveau il se sentait profondément triste.

— Allons donc! fit-il en se levant, soyons homme! Puis, apercevant une femme en capuchon de bal qui marchait vers lui : Ah! dit-il non sans ennui, voilà madame Priston déjà de retour.

Il s'avança pourtant de deux ou trois pas; mais alors la femme qu'il prenait pour Gabrielle rejeta son capuchon en arrière.

— Monsieur, lui dit-elle, ce n'est pas madame Priston, c'est moi.

Gaston reconnut Lucienne et recula.

— Vous! s'écria-t-il, et que venez-vous faire ici?

— Mais, répondit tranquillement Lucienne, causer avec vous. Madame Priston vous tenait compagnie, je fais de même. Cela vous surprend?

— De votre part, mademoiselle, non certes, répliqua Gaston, qui était devenu très-calme.

— C'est-à-dire, poursuivit Lucienne, que de ma part rien ne vous étonnerait plus. Je me suis jetée à votre tête, je vais en épouser un autre, je pourrais m'offrir à vous de nouveau que cela vous paraîtrait tout simple.

— Vous êtes parfaitement maîtresse, mademoiselle, de faire tout ce que bon vous semble.

— Mais vous vous réservez votre liberté de jugement et d'action.

— Naturellement, fit Gaston.

Ainsi, d'après son attitude et le ton qu'elle prenait, c'était encore une lutte que mademoiselle d'Avremont venait engager avec lui; mais cette fois quel était son but? Si elle voulait revenir à lui, croyait-elle donc le ramener par ces grands airs de domination et d'audace? Il s'irrita et se sentit à son tour le désir de frapper cette femme qui avait l'imprudence de s'offrir à ses coups.

— Puisqu'il en est ainsi, fit Lucienne, il vaut mieux que nous parlions d'autre chose. Savez-vous, continua-t-elle d'un ton indifférent, que madame Priston valse à ravir avec M. Leiritz? Tout le monde les regarde.

— Ah! vraiment, répondit Gaston. Je vois avec joie que ces enfantillages-là vous amusent toujours.

— Oui, mais pourquoi voyez-vous cela avec joie?

— Parce que je craignais que vous ne fussiez occupée de sujets plus graves. Il est vrai qu'il y a des choses auxquelles on est plus sage de ne pas réfléchir.

— Lesquelles?

— Mais votre mariage, par exemple. —Il poursuivit avec une sorte de détachement affectueux qui n'était point toutefois exempt d'ironie : Mademoiselle, vous m'avez fait l'honneur, pendant le peu de temps que je vous ai connue, de me traiter en ami ; vous me permettrez de vous parler comme tel. Vous avez tort d'accepter si promptement M. de Tournières, que vous avez si formellement refusé il y a un mois, et en qui il ne me semble pas que vous ayez jamais reconnu les qualités chevaleresques auxquelles vous tenez tant.

— Je vous trouve hardi de me parler de cette façon, dit Lucienne.

— C'est vrai, répondit-il avec un geste d'insouciance ; veuillez admettre alors que je n'ai rien dit.

— C'est ce que je puis faire de mieux. J'admire seulement, continua-t-elle avec un dédain qui s'accusait davantage à chaque mot, à quel point vous vous possédez. Vous vous êtes, je le vois, facilement consolé de cette douleur que vous me disiez éprouver. Madame Priston s'est rencontrée à propos, et du reste elle est bien faite pour vous plaire.

Gaston ne perdit rien de son calme.

— La douleur que j'ai ressentie a été cuisante et sincère, dit-il; mais on a tort d'employer, comme vous l'avez fait il y a quelques instants, la bravade et le scandale contre l'homme qu'on avait d'abord simplement atteint au cœur. Quant à madame Priston, en me montrant sensible à ses attentions pour moi, je ne fais qu'entrer dans cette voie du plaisir élégant et facile qui a toujours été la vôtre. Il n'y a point à cela de danger pour un homme. Il peut accepter dans ce qu'elles ont de charmant et de fragile ces sympathies éphémères. Il en sort même presque glorifié, et, par un heureux privilége de son sexe, n'y laisse rien de sa considération et de sa dignité.

— Allez-vous recommencer à m'insulter? s'écria Lucienne.

— Dieu m'en garde, mademoiselle! Cependant, si j'ose aller aussi loin, c'est votre faute. Pourquoi êtes-vous venue me poursuivre jusqu'ici? Est-ce que je cherchais à vous voir, moi? Vous remuez les cendres toutes chaudes d'une passion qni m'a étreint le cœur, que je contraignais au calme à force de volonté, et qui, sous votre parole, en votre présence, sous l'éclair de vos yeux, se réveille ardente et presque haineuse... Mais je sens que je m'irrite et que je vous manque de respect, je l'avoue et vous en demande pardon. Seulement ne vous faites pas une tâche odieuse de me provoquer ainsi. Puisque je ne saurais rien être pour vous et que vous m'en avez préféré un autre, épargnez-moi de nouvelles attaques auxquelles je ne saurais répondre qu'en vous offensant.

Lucienne cette fois l'écoutait sans courroux et respirait plus librement.

— A la bonne heure ! fit-elle, je vous reconnais, ce n'est plus un froid sarcasme, c'est de la colère et de l'indignation.

Elle fit une pause, puis avec une douceur subite, de cette voix qui avait eu pour lui tant de charmes, elle ajouta :

— Commandant, si je vous disais que je suis ici parce que je voulais vous voir, vous parler, revenir à vous peut-être?

Gaston frissonna, mais il voulut résister à l'émotion qui le gagnait, et il répondit en s'échauffant :

— Moi, je vous dirais qu'il est trop tard ; qu'il ne fallait pas, après m'avoir offert votre main, l'accorder à un autre à quelques jours d'intervalle. Une femme ne va pas, avec cette rapidité insolite et turbulente, d'une union manquée à une autre union. Il ne fallait pas, à la face de tous, m'annoncer votre mariage. Il ne

fallait pas, par un raffinement de superbe et de
cruauté, le faire au bras de cet homme que vous
avez autrefois aimé, quoi que vous ayez pu pré-
tendre depuis. A moins d'une incroyable démence
qui déconsidère une femme, si elle ne la désho-
nore, en lui faisant abdiquer toute pudeur et
toute réserve, on ne frappe pas publiquement
de sa cravache un homme qu'on n'aime point.
Vous aimez encore M. de Tournières, et sans
doute vous reviendriez à lui quelque jour, lorsque
je serais au loin, comme vous lui êtes revenue
pendant ma courte absence.

— Et si je vous disais, reprit Lucienne avec
élan, que je ne l'aime pas, que c'est vous qui, en
me repoussant, m'avez jetée à lui.

— Ah ! ne me tentez pas, s'écria Gaston ; ne
dites pas cela pour vous jouer de moi.

— Agiriez-vous de même ? continua Lucienne
presque suppliante. Me demanderiez-vous encore un délai pour m'observer et pour me
croire ?

Elle vit que Gaston hésitait et fit un pas vers lui.

— Dites !

Gaston n'avait qu'un mot à prononcer. Ce moment qu'il avait autrefois appelé dans la fièvre de son repentir et de son amour était venu. Il n'avait point à se mettre aux pieds de Lucienne pour la reconquérir, il n'avait qu'à lui tendre la main ; mais aussi il avait reçu de nouvelles blessures, et si récentes que la subite humilité de mademoiselle d'Avremont n'y apportait point un suffisant remède. Tout sollicité qu'il fût par la passion et la pitié, son cœur ne se répandait point ; puis les paroles perfides de madame Priston se présentaient à son esprit : s'il cédait à cette heure, s'il se livrait, qu'arriverait-il le lendemain ? Ne serait-ce pas une victoire que Lucienne, en fin de compte, s'imaginerait avoir remportée ? Puisque dans cette lutte renaissante engagée entre eux l'orgueilleuse jeune fille semblait capituler, il était de son devoir, de sa prudence, de la mener aux dernières limites de l'obéissance. Il ne fallait point que la réconciliation qu'elle implorait fût due à une surprise du cœur, il fallait qu'elle ne l'obtînt qu'après l'avoir méritée. Gaston, surexcité d'émotion et de trouble, se crut assez fort pour imposer ses conditions à mademoiselle d'Avremont.

— Oui, lui dit-il avec un déchirement intérieur, mais avec énergie, toujours et plus que jamais je vous demanderais ce délai pour rentrer en moi-même, pour m'interroger à votre égard avec plus de doute encore et de sévérité, pour oublier cette dernière et coupable folie.

Mais Lucienne, toute frémissante, était à bout de soumission.

— C'en est trop ! s'écria-t-elle ; vous abusez étrangement des regrets que j'ai eu la faiblesse de vous témoigner, du repentir qui était dans mon cœur, du pardon que j'avais sur les lèvres. Ce n'est plus moi qui fus légère et qui vous bravai ; c'est vous qui êtes implacable. Monsieur

Dally, il n'est point généreux d'humilier une femme, il n'est point sage d'exiger d'elle la passive dépendance où vous tenez vos matelots. Tout désormais est fini entre nous. Que j'aime ou non M. de Tournières, c'est lui que j'ai choisi et que je prendrai pour époux, et je saurai montrer au monde et à vous que, si j'ai eu les inconséquences condamnables peut-être d'une jeune fille qui se croit tout permis parce qu'elle sait ce qu'elle a d'innocence et d'honneur, je serai l'irréprochable et digne femme de celui qui m'aura acceptée telle que je suis, avec mes prétendus défauts et mes réelles qualités.

Gaston était devenu très-pâle, mais il se contint. — Puisse-t-il en être ainsi, mademoiselle ! répondit-il simplement. Puissiez-vous surtout être heureuse ! — Comme il achevait ces mots, il vit s'avancer madame Priston et M. de Tournières.

— Ah ! s'écria Gabrielle en feignant d'apercevoir à l'improviste Lucienne et Gaston, les voilà !

— Mademoiselle, fit M. de Tournières, nous étions inquiets de vous. Les soirées sont déjà fraîches et vous pouviez avoir froid. Voici votre châle que je vous ai apporté.

— Je vous remercie, répondit Lucienne en s'enveloppant de son châle ; puis, continuant de s'adresser à de Tournières en regardant Gaston, elle ajouta : — Votre bras, mon ami.

— Eh bien ! demanda madame Priston à Dally, est-ce que vous ne songez plus à la valse que je vous ai promise ?

— Pardon, madame, dit Gaston avec empressement, et je suis bien heureux que vous ayez la bonté de me la rappeler.

VII

Le surlendemain, tout se disposait chez mademoiselle d'Avremont pour la signature du contrat. Madame Priston s'était obligeamment chargée de tous les préparatifs. Vers neuf heures du
soir, elle donnait un dernier coup d'œil aux ar-
rangements du salon, d'ailleurs fort simples, car
il ne devait recevoir qu'un très-petit nombre de
personnes. Les jardinières avaient aux embra-
sures des fenêtres leur place accoutumée, un feu
vif et clair flambait dans la cheminée, et il y
avait sur une table deux candélabres d'argent et
ce qu'il faut pour écrire. Le notaire pouvait donc

venir, et madame Priston, à demi préoccupée, à demi joyeuse, regardait l'aiguille de la pendule. Il ne semblait pourtant pas qu'elle eût raison de s'inquiéter. Depuis deux jours, Lucienne paraissait un peu sombre, mais résolue. Quant à Gaston, il était à son bord et avait presque promis à Gabrielle de ne le point quitter. Néanmoins elle eût désiré que le contrat fût déjà signé.

La première personne qui arriva fut M. de Tournières. C'était dans l'ordre. Il n'avait pas vu Lucienne depuis quelques heures, et venait un peu aux nouvelles, car de son côté il tremblait qu'un subit changement d'humeur de mademoiselle d'Avremont ne vînt déranger ce mariage si convoité par lui. Madame Priston le rassura.

— Je crois, lui dit M. de Tournières, que vous avez eu raison d'imaginer la rencontre d'avant-hier entre elle et M. Dally ; elle hésitait encore.

— Oui, fit madame Priston, elle voulait lui

parler, je m'en doutais; mais j'avais mis le commandant dans les dispositions où il fallait qu'il fût. Lucienne et lui, au lieu de se réconcilier, comme c'était leur désir au fond du cœur, se sont de nouveau et plus cruellement blessés. Il ne vous faut plus maintenant qu'un peu de persévérance, car vous aurez peut=être un dernier scrupule à vaincre chez elle, un dernier regret à calmer. Justement la voici.

Lucienne était pâlie et changée, mais avec une sorte de décision froide et résignée dans ses mouvements et sa physionomie. Elle remercia madame Priston, qui sortait pour donner encore quelques ordres aux domestiques, de la peine qu'elle avait bien voulu prendre, puis elle alla s'asseoir sur un canapé et y demeura silencieuse.

M. de Tournières la contempla quelques instants, puis s'approcha d'elle et lui dit d'une voix affectueuse : — Qu'avez-vous?

Lucienne leva les yeux : — C'est vrai, je ne

suis pas ce que je devrais être un soir comme celui-ci, et elle lui tendit la main.

M. de Tournières la prit.

—Est-ce sincèrement que vous me la donnez? demanda-t-il.

— Comment l'entendez-vous?

— Oui, reprit-il lentement. Est-ce avec l'oubli et le pardon du passé? Est-ce sans arrière-pensée et avec confiance dans l'avenir? Avez-vous foi en un mot dans mon affection, dans le respect, dans les égards dont je vous entourerai? S'il n'en était point ainsi, je ne renoncerais pas à une union dont j'espère le bonheur de ma vie, mais je vous prierais de la différer, et j'attendrais votre décision.

Ce langage était habile. M. de Tournières allait lui-même avec générosité au devant des irrésolutions possibles de la jeune femme. Aussi lui répondit-elle :

— Vous n'avez pas besoin d'attendre, il en est ainsi que vous le désirez.

— Vous m'acceptez enfin librement, sans regrets? insista M. de Tournières.

— Librement, oui certes, dit-elle, et vous me
connaissez assez pour n'en point douter. Sans
regrets?... Là elle fit une pause. — Oui, continua-
t-elle avec une sorte d'explosion, car les regrets
sont fous. Le bonheur d'une femme est dans la
loyauté qu'on lui reconnaît, dans la droiture
d'intentions qu'on sait en elle, dans l'estime
complète qu'on fait de son caractère et de sa
conduite, et vous êtes bien certain, vous qui m'a-
vez vue presque enfant, qui êtes du monde et
qui m'avez pu juger au milieu de mes innocentes
folies, que je n'ai jamais cessé d'être une honnête femme. J'ai donc votre estime, cela me suffit, comme il doit vous suffire de savoir que je
ne faillirai jamais à cette estime. Alors, se levant
et affichant une gaieté un peu fébrile :
— Voyons, nous sommes chez nous, occupons-
nous de recevoir nos hôtes. Il est neuf heures, et
ils vont venir. Poussez ces candélabres, que le

tabellion puisse griffonner tout à son aise. N'est-ce pas messieurs Leiritz et de Ksannec qui sont vos témoins? Excusez-moi, je me suis si peu inquiétée de cela.

— Oui, et qui sont les vôtres?

— C'est le chevalier d'abord, puis M. Dourbal, qui s'est chargé de toutes les formalités d'affaires et qui doit apporter les papiers et les titres nécessaires.

Le domestique annonça Leiritz et de Ksannec, et madame Priston rentra en même temps que le chevalier, qui amenait le notaire. Ce dernier était un petit homme cravaté de blanc, à lunettes d'or et très-heureux de la bonne aubaine que lui valait le mariage de mademoiselle d'Avremont. Pendant que Lucienne lui rendait son salut et le présentait à M. de Tournières, Leiritz et Ksannec causaient ensemble à demi-voix.

— C'est singulier, disait Ksannec, l'effet que me produit toujours un contrat de mariage! Il me semble que je manque d'air. On dit pourtant

que le jour où l'on se marie est le plus beau de
la vie...

Leiritz répondait : — Parce qu'on le compare
à ceux qui suivent.

— Notre belle Lucienne, pardon, fit Ksannec
en se reprenant, mademoiselle d'Avremont est
bien pâle.

— Dame! ce n'est pas là le mari qu'elle avait
rêvé...

— Après tout, rien ne la forçait à prendre
Tournières. Pourquoi se marie-t-elle?

— Par dépit. Quand une femme a manqué un
premier mariage, elle se jette à corps perdu dans
un second.

— C'est absurde.

— Je ne dis pas non, mais en fait de sentiments l'absurdité est la logique des femmes.

La porte se rouvrit, et l'on annonça le commandant Dally.

— Oh! celui-là, dit Leiritz, me représente le
sire de Ravenswood.

— Elle est devenue plus pâle encore, fit de Ksannec. Gaston, en apparence, impassible, s'inclinait devant mademoiselle d'Avremont lorsque madame Priston s'avança entre eux, prit avec une prévenance joyeuse le bras de Dally, et l'entraînant à l'écart :

— Ah! vous voilà! fit-elle. Faut-il que je continue mon métier de garde-malade? Pourquoi êtes-vous venu?

— Parce qu'on avait mis trop d'impertinence à me prier de venir pour que je ne vinsse pas, et puis afin de vous montrer que je suis guéri.

— J'en serais bien heureuse. Asseyons-nous là pendant qu'on installe le notaire.

Le notaire s'était assis, et chacun prenait position pour l'écouter lorsque M. de Tournières s'écria :

— Mais il nous manque M. Dourbal.

— En effet, dit Lucienne. Il est pourtant indispensable. C'est mon fondé de pouvoir. Comment se fait-il qu'il ne soit pas arrivé? Chevalier, ayez donc l'obligeance d'aller jusque chez lui et de le ramener au plus vite.

Le chevalier sortit.

— M. Dourbal, fit le notaire d'un air complimenteur, se sera oublié à mettre en ordre vos titres de fortune.

— Mais, monsieur, dit Lucienne, ne pouvons-nous commencer sans lui ?

— Oui, je puis lire le contrat, qui est tout rédigé. Il suffira que M. Dourbal en prenne connaissance en produisant les pièces justificatives de l'apport de la future. Quant aux titres du futur époux, je les ai là dans mon portefeuille. Je commence donc : « Par-devant maître Chenu, notaire à Pornic… »

Il lisait en bredouillant quelque peu, et tout le monde faisait silence. Il en était aux biens de Lucienne et continuait avec le même débit monotone et saccadé.

— Ne trouvez-vous pas, dit tout bas Leiritz à

Ksannec, que cette énumération est glaciale comme un inventaire après décès?

Il y avait d'ailleurs chez tous les assistants une impression de malaise et de tristesse. On savait trop ce que cette cérémonie, qui d'ordinaire est heureuse ou du moins franchement consentie, avait dans les circonstances présentes de contrainte secrète et de sous-entendus pénibles. Le notaire s'arrêta : — Voici, dit-il, le moment où il serait bon que M. Dourbal fût là..

— Nous allons l'attendre en prenant le thé, répondit Lucienne. Gabrielle, voulez-vous m'aider à servir ces messieurs? Messieurs, vous serez indulgents. Ce n'est jamais bien gai, une soirée de contrat; mais je vous dédommagerai cet hiver. Vous viendrez à Paris, monsieur de Ksannec?

— Oui, mademoiselle.

— Habiterez-vous toujours, demanda Leiritz, votre hôtel des Champs-Élysées?

— Non, je l'ai fait vendre. Les appartements de réception étaient trop petits.

Ces paroles banales ou d'autres pareilles n'alimentaient pas la conversation, mais empêchaient le silence de s'établir. En même temps Gabrielle et Lucienne traversaient le salon et offraient du thé aux différentes personnes qui se trouvaient là. Les mots qu'on échangeait alors faisaient un murmure auquel on pouvait se tromper. On ne causait pas, mais on parlait, et cela suffisait à chacun pour se donner une contenance. A un certain moment, Lucienne vint avec une tasse de thé vers Gaston, et la lui offrit. Gaston n'allait peut-être pas accepter, mais Lucienne le devança.

— Ne me refusez pas, lui dit-elle, d'ici à de longues années, à toujours peut-être, nous ne nous verrons plus. Je ne veux pas que vous vous sépariez de moi par un refus.

Elle avait dans la voix et dans le geste une amère et touchante mélancolie. Gaston ému lui répondit seulement :

—Je vous remercie, mademoiselle, j'accepte.

C'était plus qu'un adieu qu'ils se faisaient, c'était le regret désespéré du mutuel bonheur qu'ils eussent pu se donner, et qu'ils s'étaient refusé.

On achevait de prendre le thé quand le chevalier rentra précipitamment et s'écria :

— Est-ce que M. Dourbal n'est pas ici ?

— Mais non, lui fut-il répondu tout d'une voix et avec la surprise inquiète que motivait son air effaré.

— En ce cas, poursuivit-il, c'est étrange ; je viens de chez lui, on ne l'a pas vu depuis cette après-midi. Cependant tout est en ordre dans sa chambre. Le garçon d'hôtel m'a dit qu'il avait aperçu M. Dourbal se dirigeant vers le chemin de fer.

— Cela est extraordinaire, fit M. de Tournières. Qu'en dites-vous, messieurs ?

— C'est un retard, hasarda madame Priston, un malentendu.

— Sur lequel il faut savoir à quoi s'en tenir,

reprit M. de Tournières en agitant la sonnette.

Le domestique entra, mais en précédant un commissaire de police, qu'il annonça à haute voix. Il se fit un mouvement général. Le commissaire s'était arrêté sur le seuil.

— Qui de vous, messieurs, dit-il, est M. Dourbal ?

Lucienne s'avança.

— Il n'est pas ici, monsieur, et vous nous voyez au dernier point surpris de son absence ; mais peut-on savoir pour quel motif?

Et M. de Tournières, cédant à de vives et secrètes préoccupations, ajouta :

— Nous l'attendions pour justifier à un contrat de mariage de la fortune de mademoiselle d'Avremont.

— Je vous apporte donc une fâcheuse nouvelle, dit le commissaire. Je viens de recevoir un mandat d'amener contre M. Dourbal. Sa maison de Paris a suspendu ses payements, et son associé a pris la fuite.

— Parbleu ! s'écria dans son trouble et assez brutalement M. de Tournières, il aura fait comme son associé.

Alors, s'excusant sur un dernier devoir à remplir qui ne pouvait plus être malheureusement qu'une simple formalité, le commissaire demanda à Lucienne, attendu que M. Dourbal devait ce soir-là se trouver chez elle, à faire une perquisition dans sa maison. Mademoiselle d'Avremont pria le chevalier d'accompagner le commissaire de police, et les deux hommes sortirent.

Le tableau que présentaient les différents personnages réunis dans le salon était singulier. Le notaire, toujours assis à sa table, affectait de relire le contrat. Leiritz et Ksannec, l'un près de l'autre, demeuraient immobiles avec un air pénétré de condoléance attentive. M. de Tournières se promenait en proie à un désordre dont il ne s'apercevait point ou qu'il ne prenait pas la peine de dissimuler. Mademoiselle d'Avremont, dominant la scène, accoudée à la cheminée, avait une indéfinissable expression de visage, un mélange de stupeur, d'indifférence, presque d'allégement. Gaston, à quelques pas d'elle, plus bas, appuyé de la main à la table du notaire, tenait ses yeux baissés en respirant fortement, tandis que les regards de madame Priston, qui était à ses côtés, allaient avec anxiété de lui à Lucienne.

— Mais alors, dit Gabrielle à cette dernière, si on ne rattrape pas ce M. Dourbal, vous êtes ruinée?

— Sans doute, répondit Lucienne, puisqu'il avait réalisé ma fortune.

— Tout entière?

— Sauf cette maison et une somme de cent mille francs que j'ai laissée chez mon notaire.

Lucienne dit cela d'une voix qu'elle s'efforçait de rendre calme, mais dont elle ne parvenait point à déguiser entièrement l'émotion secrète et souveraine de délivrance et de joie. C'est qu'il

y a d'intimes élans qui nous emportent au delà
de notre volonté et de notre prudence. Il en est
ainsi quand, par un accident imprévu, inespéré,
nous sortons de l'abîme auquel nous paraissions
irrémissiblement condamnés pour rentrer dans
la libre possession de nous-mêmes, dans la route
de la droiture et de la vérité. Cette fortune
perdue affranchissait Lucienne des liens qu'elle
s'était forgés, et elle n'entrevoyait que ce résultat seul. Elle mesurait le précipice où elle fût,
où elle était tombée, et frissonnait de plaisir et
de doute. Elle n'était pas certaine encore que le
danger se fût éloigné, et en face d'un homme
comme M. de Tournières, bien qu'elle le crût
déjà par ses antécédents tout disposé à la rupture qu'elle méditait, elle se croyait obligée à
cacher sa pensée autant que ses projets. Il
s'était fait un nouveau silence rempli pour
chacun de tergiversations cruelles, de curiosité ou d'angoisses. Ce fut le notaire qui le
rompit.

— Mademoiselle, dit-il à Lucienne, que dois-je faire ?

— Voilà, dit tout bas Leiritz à Ksannec, un notaire qui va mettre le feu aux poudres.

— Nous aurons, répondit de Ksannec, le dénoûment des *Femmes savantes*.

— Ce n'est pas certain.

— Nous allons voir.

M. de Tournières, qui, en écoutant la réponse de mademoiselle d'Avremont à madame Priston, était redevenu tout à fait maître de lui, s'avançait en effet vers le notaire et tendait le doigt vers le contrat.

— Mais, monsieur, dit-il au notaire, il y a d'abord, sauf rectification ultérieure, à rayer l'énumération des biens de mademoiselle d'Avremont dont M. Dourbal a emporté les titres, et à mettre uniquement cette maison et les cent mille francs dont je sais que le chevalier, qui va revenir à l'instant, devait vous présenter les certificats de propriété et de dépôt. Ensuite il n'y a pour nous qu'à signer comme si rien ne s'était passé, à moins que mademoiselle d'Avremont ne soit d'un avis différent du mien. Qu'en dites-vous, mademoiselle?

— Ah! s'écria madame Priston, haletante jusque-là, voici un beau trait.

— Auquel je ne m'attendais pas, fit à demi-voix Ksannec à Leiritz. Et vous?

— Je ne sais trop, mais ceci devient intéressant.

Lucienne avait écouté en pâlissant M. de Tournières. Sans prévoir encore les plans nouveaux qu'il pouvait combiner, elle pressentait un péril, mais n'était pas femme à reculer. Elle répondit avec une dignité un peu étudiée:

— Je vous remercie de ce que vous venez de dire, monsieur. Je pense que tout ceci est fort grave, et qu'il y a peut-être lieu de réfléchir à la situation nouvelle que nous fait, à vous comme à moi, cet événement si peu prévu. Je crois qu'il faut tout remettre à quelques jours au moins.

—Ah! fit-il un peu railleur, c'est là votre avis?

— Mais il me semble.

— Mademoiselle, je vous en prie, continua-t-il avec une sorte d'insistance impérative, il s'agit là d'une question intime qui nous est avant tout personnelle à tous deux. Je ne voudrais point vous laisser le temps de prendre une décision contraire à mon bonheur, et je vous demande-rais sur-le-champ un entretien de quelques minutes.

— Cependant... fit encore Lucienne.

— Madame Priston et ces messieurs, continua M. de Tournières, me pardonneront, j'en suis certain. Ils doivent trop bien comprendre le mo-tif qui me fait agir et le désir que j'ai de rester seul un instant avec vous.

C'était un congé définitif que M. de Tournières semblait donner aux assistants; mais, outre qu'ils eussent attendu pour obéir la décision de Lucienne, cette dernière ne paraissait nullement l'entendre ainsi. Elle repartit d'un ton hautain et non sans quelque ironie :

— Je me rends. Aussi bien, messieurs, c'est un combat de générosité qui va se livrer entre M. de Tournières et moi. Ces combats-là ne sont point dangereux et peuvent avoir lieu sans témoins. Puis il sera très-court, je l'espère.

Et d'un geste elle indiquait à ses invités la terrasse qui était de plain-pied avec l'appartement. Madame Priston et les hommes quittèrent le salon.

— Mademoiselle, dit M. de Tournières à Lucienne quand il fut seul avec elle, vous avez paru désirer que je fusse bref; je vais l'être.

— Je vous écoute.

— Cette ruine soudaine est un coup de bonheur pour vous. Je vous regardais. Vous avez d'instinct tressailli de joie en l'apprenant. Vous comptez, grâce à elle, échapper à un mariage auquel vous ne vous êtes résolue que dans un moment de désespoir, auquel vous ne vous résigniez il y a une heure, qu'avec un mortel regret au cœur. Est-ce vrai?

Il parlait d'un ton net, absolu, péremptoire. Lucienne l'écoutait avec quelque malaise, car elle s'indignait dans son orgueil de femme et se sentait pourtant pressée par la vérité des faits.

— Oui, répondit-elle; mais rendez-moi cette justice, que, sans cet incident, j'allais jusqu'au bout, et que je ne manquais point à la parole que je vous ai donnée.

— Je le reconnais; toutefois avouez que, me jugeant encore tel que vous m'avez connu jadis, vous avez espéré tout à l'heure que je me retirerais à la nouvelle de votre désastre.

— En effet, et en vous suppliant de ne rien voir dans mes paroles qui vous puisse offenser je ne comprends pas l'insistance que vous mettez à ce mariage.

M. de Tournières hésita légèrement à son tour, comme s'il eût reculé devant ce qu'il avait encore à dire. Il fit cependant un effort et reprit de la même voix cassante, bien qu'un peu altérée :

— Cette insistance est toute simple. J'eusse préféré vous voir rester riche, mais mon intérêt est de vous épouser même pauvre. Je suis aujourd'hui un homme politique et un ambitieux, et, sous peine de faire fausse route, je dois tenir à ma renommée autant qu'à la richesse. Rompre ce mariage à l'occasion d'une question d'argent, c'est me faire un tort irréparable. J'y perdrais l'estime publique, et on n'arrive à rien sans elle. D'ailleurs, je le confesse, je ne crois pas à une fortune aussi considérable que la vôtre disparaissant ainsi d'un seul coup; on en retrouve toujours quelques épaves.

— Vous me parlez, monsieur, avec une franchise voisine du cynisme.

— C'est que je sais où je marche et que mon parti est pris.

— Dites alors ce que vous voulez.

— Que ce mariage se fasse, et pour cela que

ce contrat se signe, non point demain, mais sur l'heure. Demain vous ne m'accepteriez plus. Je serais à la fois bafoué comme la victime de vos dédains et de vos caprices et honni de tous, car on croirait à une rupture de ma part et non de la vôtre. Je ne veux pas que cela soit.

Ce qu'il y avait de singulier dans cette lutte qu'ils soutenaient l'un contre l'autre, c'est la nécessité où ils étaient de dominer leur émotion et de modérer les éclats de leurs voix. De la terrasse, en effet, on pouvait les apercevoir et même les entendre. Il fallait que ce cruel débat où s'agitaient pour tous deux de si menaçantes questions se maintînt par l'ironie et la dissimulation dans les limites d'une discussion courtoise.

— Vous me parlez en maître, dit Lucienne; vous avez alors un moyen de me contraindre à obéir.

— J'en ai un.

— Lequel?

— Les lettres que vous m'avez écrites autrefois, quand vous m'aimiez, mademoiselle.

— C'est vrai, fit Lucienne avec mépris, vous
avez dû les garder pour quelque usage de ce
genre ; mais, si je me les rappelle bien, continua-
t-elle en haussant les épaules, elles ne sont guère
compromettantes. Ce sont les lettres d'une échap-
pée de couvent. Je doute qu'elles vous servent à
quelque chose.

M. de Tournières répliqua froidement :

— Elles sont fort innocentes, je vous l'accorde, mais elles n'en sont pas moins pleines
d'expressions de tendresse et d'épanchement.
Mademoiselle, il est dix heures moins dix minutes. L'on va revenir. Si à dix heures précises
vous n'avez pas signé à notre contrat, je remets
demain ces lettres à monsieur Dally.

— Ah ! fit Lucienne avec explosion, bien qu'à
demi-voix, enfin vous prononcez son nom !

— Pardieu ! répondit de Tournières, et quoique non moins agité que Lucienne, il affectait,

de peur de se trahir, de jouer avec la plume du
notaire et baissait l'abat-jour des flambeaux.
N'est-il donc pas au fond de tout ceci ? Je ne suis
point seulement, comme vous paraissez le croire,
ambitieux et cupide ; je suis homme aussi, et
vis-à-vis d'un rival je me sens haineux et jaloux.
Si je renonçais à vous, dans huit jours vous
renoueriez avec lui. Cela ne sera pas. Ces lettres
qu'il lira creuseront un abîme entre vous et lui.
Il saura que, jeune fille, vous m'avez appartenu
de volonté et de désir, et, dans la femme qu'on
épouse, c'est toujours la virginité, quelle qu'elle
soit, que l'on cherche ou qu'on regrette. Vous
n'oserez plus vous proposer à lui.

— Oh ! murmura Lucienne, c'est aussi lâche
que cruel ce que vous dites là. Vous ne ferez
point ce dont vous me menacez.

— J'agirai selon ce que vous ferez vous-même.

— C'est bien, reprit-elle avec calme, vous
n'avez plus rien à ajouter ?

— Non.

— Alors prions madame Priston et ces messieurs de rentrer.

Tous revinrent aussitôt, et le notaire se rassit à sa table. La curiosité générale était d'autant plus inquiète que Lucienne et M. de Tournières s'étaient fait un visage impassible.

— Eh bien ! demanda madame Priston, est-ce terminé ?

— Oui, répondit tranquillement mademoiselle d'Avremont.

— A la satisfaction des parties ? interrogea le notaire.

M. de Tournières répondit froidement :

— Espérons-le.

— Alors, reprit le notaire, je fais les changements que vous m'avez indiqués. Au bout d'un instant, il tendit sa plume à Lucienne.

— Mademoiselle, dit-il, c'est à vous.

Lucienne ne prenait point la plume.

— Voilà, fit M. de Tournières en la regardant, dix heures qui vont sonner.

— Mademoiselle d'Avremont sourit.

— C'est l'heure de votre bonheur, mademoiselle, ajouta gracieusement le notaire.

Lucienne promena ses regards autour d'elle, puis les arrêta sur M. de Tournières.

— Décidément, monsieur, lui dit-elle, si noble et si généreuse que soit votre résolution à mon égard, je n'y souscris pas. Quoi que vous m'ayez pu dire, et précisément à cause de cela, je vous rends et dois vous rendre votre liberté.

VIII

La résolution inattendue de Lucienne était
non point le dénoûment, mais une péripétie de
ce drame intime. La nuit, loyale ou mauvaise
conseillère, allait montrer à chacun la route
qu'il devait suivre, ou le précipiter dans la voie
douteuse de la passion et de la colère. Mademoiselle d'Avremont dormit à peine, d'un sommeil agité de songes. Elle s'imaginait être à
amais liée à M. de Tournières, s'éveillait en
sursaut, se réjouissait avec un soupir de soula-
gement de n'avoir fait qu'un rêve, puis s'effrayait
bientôt de ce que cet homme redoutable pour-

rait tenter contre elle. Elle se leva de bonne heure, s'étonnant déjà que rien ne fût encore changé dans sa maison, réfléchissant que de riche elle était devenue pauvre et qu'il lui faudrait mener une autre existence. Le premier courtisan de sa nouvelle fortune fut le chevalier de Rose-Croix. L'égoïste vieillard était au désespoir. Quel coup pour lui ! il n'en revenait point. Certes, s'il l'eût osé, il eût fait des représentations sans nombre à mademoiselle d'Avremont ; mais il savait trop à quelle inflexible volonté il se fût heurté. Ensuite, quoique lésé dans ses plus chers inté-rêts d'opulence et de bien-être, il avait pour Lucienne une certaine affection qu'un si récent désastre n'avait pu rendre encore ingrate. Il ne se résignait pourtant pas à cette pauvreté que la jeune femme lui paraissait accepter avec un trop facile détachement. Il supputait devant elle ce que pouvait valoir le Petit-Château, lui de-mandait si elle n'avait pas encore quelques fonds oubliés chez son notaire. Le chevalier insistait en disant qu'on pouvait tout réaliser, risquer la somme dans quelque grande entreprise. Pour un rien, il fût parti pour Bade et eût joué le tout à la roulette et au trente-et-quarante. Lucienne répondait que l'essai qu'elle avait fait de M. Dourbal n'était pas encourageant. Au nom du banquier, le chevalier gémissait ou s'emportait, disait qu'il allait courir après lui, se livrait de nouveau à de fantastiques combinaisons. Martine vint alors annoncer à sa maîtresse que madame Priston était au salon et demandait à la voir. Lucienne, présumant qu'elle avait quelque message de M. de Tournières, sentit le besoin de se recueillir et de rassembler ses idées, et fit prier Gabrielle de vouloir bien l'attendre quelques instants.

Madame Priston était pour sa part sérieusement émue. La rupture du mariage de M. de Tournières et de Lucienne renversait non-seulement des projets d'avenir, mais de secrètes espérances de cœur qui lui étaient devenues d'autant

plus chères qu'elle les avait laissées inconsi-
dérément grandir. Déjà, la veille au soir, elle
avait trop vu, pour son repos, que Gaston n'avait
eu de regard et de pensée que pour Lucienne.
Il n'avait point cessé de l'aimer et l'aimait plus
que jamais. Jusqu'au dernier moment, elle avait
cependant espéré que cet obstacle d'une union
soudaine, quelques regrets qu'ils en pussent
avoir, éloignerait fatalement l'un de l'autre
Lucienne et Gaston. Maintenant ils étaient libres
de se revoir, de se pardonner, de s'épouser. Gabrielle, qui, de toute façon, fût venue chez Lucienne par convenance, y venait attirée par le
désir de l'interroger, de la sonder, d'épier ses
paroles et ses regards, de la conseiller perfide-
ment si elle pouvait le faire encore, de savoir
enfin à quoi s'en tenir sur son propre sort. Elle
l'attendait donc impatiemment lorsqu'à sa grande
surprise Gaston fut tout à coup introduit dans le
salon.

— Vous ici ! lui dit-elle, qu'y venez-vous faire ?

— Moi, répondit-il, tout en craignant qu'un débat assez vif, mais auquel il était résolu de couper court, ne s'engageât entre madame Pris-ton et lui, je viens, ce qui est tout naturel, faire à mademoiselle d'Avremont ma visite de con-doléance.

—A cette heure! dit-elle en raillant. Mon-sieur Dally, continua-t-elle plus doucement, je n'oserais pas dire qu'il y ait eu rien de plus entre nous qu'une coquetterie aimable de votre part, trop sincère peut-être de la mienne; mais nous ne sommes pas si étrangers l'un à l'autre que vous me répondiez de cette manière. Je ne vous demande qu'une chose. Dites-moi que vous ne venez point ici pour renouer avec mademoiselle d'Avremont des projets dont elle vous a parlé la première, et auxquels vous n'avez pas alors jugé à propos de vous prêter.

— Madame, fit gravement Dally, je ne puis plus vous remercier de l'intérêt que vous avez daigné me témoigner que par une respectueuse gratitude. Je suis et je serai le plus dévoué de vos serviteurs, et, si vous le permettez, de vos amis..

— Ah ! s'écria Gabrielle, on ne dit pas mieux à une femme qu'elle n'est rien pour vous.

Ils se turent, madame Priston en apparence abattue, Dally quelque peu gêné, supportant mal la présence de Gabrielle et pressé d'en finir avec elle.

— Madame, se hasarda-t-il enfin à lui dire, ce sont là, pour moi qui ne les mérite point, des regrets indignes de vous. Mademoiselle d'Avremont était votre amie avant moi, et dans la circonstance qui la frappe elle doit avoir besoin de vos bonnes paroles et de votre affection.

Ces mots, calculés ou non, déterminèrent chez Gabrielle une réaction soudaine.

— Moi son amie ! s'écria-t-elle violemment ; allons donc, monsieur, elle est ma rivale. La consoler, moi ! allez-y vous-même et réussissez à votre aise. Ce n'est pas si difficile que vous pouvez le croire. Si vous voulez l'épouser, épousez-la. La pauvreté et les chagrins qu'elle vous apportera me vengeront de vos dédains, comme vos tourments de jalousie dans le passé et dans l'avenir vaudront bien tous ceux que vous m'avez infligés.

Elle sortit, et Gaston stupéfait la suivait encore des yeux quand Lucienne entra par la porte opposée.

— Qu'y a-t-il donc? demanda-t-elle assez émue et en s'arrêtant troublée à la vue du commandant.

— C'est madame Priston qui s'en va, répondit Gaston.

— D'une façon si animée?

— Oui, fit-il en souriant, elle me retirait ses bonnes grâces.

Lucienne s'était remise.

— Et pourquoi? dit-elle d'un ton qu'elle essayait de rendre enjoué.

— Je me suis montré plus fidèle à l'affec⁼

tion que je vous ai vouée qu'à l'intérêt dont elle m'honorait.

— Ainsi, fit Lucienne non sans embarras, vous venez me faire une visite de sympathie?

— Je viens, continua Gaston d'une voix tremblante et avec un élan contenu, je viens vous dire que j'ai souffert, que je me repens de tout le chagrin que j'ai pu vous causer, que je vous aime et que je vous veux pour femme.

— Commandant! balbutia Lucienne.

— Vous refusez? reprit-il avec angoisse.

Mademoiselle d'Avremont ne répondit pas. Elle pâlit, s'assit, prise de frissons, regardant l'heure, évidemment et follement inquiète. C'est qu'elle ne songeait même point à ce qu'elle eût pu répondre; elle songeait à la menace que M. de Tournières lui avait faite et qui allait s'accomplir d'un moment à l'autre. Ainsi elle avait devant elle un homme qu'elle adorait, dont elle eût voulu embrasser les genoux pour le remercier de sa générosité et de son dévouement, et il

lui faudrait se laver aux yeux de cet homme
d'une accusation nouvelle, honteuse et puérile
à la fois. Que lui dire en effet quand viendraient
ces lettres qui la condamnaient par le seul fait
qu'elle les avait écrites? Elle n'en savait rien, se
sentait impuissante et découragée, hors d'état
de supporter non plus même une lutte, mais une
émotion. Dans cette faiblesse et cette prostration,
Lucienne désirait presque que la crise redoutée
vînt tout de suite afin de n'avoir plus à la subir.
Aussi, tout à sa pensée, dit-elle avec un grand
trouble à Gaston : — Vous n'avez vu personne
depuis hier?

— Qui aurais-je vu? demanda-t-il étonné.

Il se préparait à insister auprès de Lucienne
quand Martine entra, tenant à la main une enveloppe assez volumineuse.

— Mademoiselle, dit-elle, c'est un matelot qui
apporte cette lettre très-pressée pour le commandant.

— Ah! fit Lucienne en se laissant aller sur le

canapé, voilà ce que je craignais. Puis, voyant que Martine un peu alarmée s'approchait, elle la congédia du geste.

Cependant Gaston avait pris l'enveloppe, et, pensant qu'elle contenait quelque ordre de service, il l'avait ouverte. Il y trouva plusieurs lettres adressées à M. de Tournières et d'une écriture de femme. — Qu'est-ce que cela? dit-il.

Lucienne se leva et répondit avec une gravité triste :

— Ce sont des lettres de moi. Je les ai écrites autrefois, très-jeune, ne sachant rien de la vie. Après tout, parmi mes inconséquences, ce n'en est qu'une nouvelle à confesser. Vous n'en êtes plus à les compter. Elle retomba désolée à sa place et ajouta : — Que je souffre !

— Et pourquoi souffrez-vous? lui demanda doucement Gaston. Ces lettres ne peuvent rien signifier, j'imagine que M. de Tournières me les envoie pour se venger de ce que vous n'avez pas voulu consentir à l'épouser. Je me doutais bien que ce n'était point un galant homme, mais je lui croyais plus d'esprit. Comment ne sait-il pas que je vous aime assez pour ne point lire ces lettres et même pour ne pas les laisser subsister?

Gaston marchait à la cheminée où petillait une flambée de sarments, quand Lucienne bondit en quelque sorte vers lui en s'écriant:

— Oh non! pas cela; que faites-vous? Et si vous alliez croire un jour qu'il y a quelque chose dans ces lettres que je ne puisse avouer?

— Je ne croirai jamais cela, répondit-il en souriant. Si cette correspondance eût été une arme sérieuse aux mains de M. de Tournières, il ne s'en fût point dessaisi.

Cependant la situation devenait difficile entre Lucienne et Gaston. Il était impossible à Lucienne de reprendre les lettres ou de les ouvrir au hasard et de les mettre sous les yeux de Dally.

Outre qu'il se fût refusé à rien lire, il y a telles naïves confidences de son passé qu'une femme peut faire à l'homme qu'elle aime, mais dont elle ne peut se permettre, autant pour sa dignité que pour sa pudeur, de lui soumettre l'expression écrite et palpable. Ils restaient donc debout tous les deux, hésitants, contraints, irrités de ce singulier obstacle, sentant bien qu'il fallait en avoir raison, se le disant intérieurement et en cherchant, pendant quelques secondes qui leur duraient des siècles, le moyen qu'ils ne trouvaient pas.

La brusque arrivée de madame Durand les sauva. Elle venait d'apprendre l'événement de la veille, et, oubliant tous ses griefs, accourait vers son amie, moins encore pour la consoler que pour la conseiller. D'un coup d'œil elle jugea ce qui se passait ; on ne cherchait point d'ailleurs à le lui cacher.

— Tes lettres à M. de Tournières, n'est-ce pas ? dit-elle à Lucienne.

— Oui, fit Lucienne.

— Oui, répondit aussi Gaston, qui, trop heu-

reux de s'en débarrasser, les tendit à madame
Durand. Elle les prit, les ouvrit bravement, franchement, les parcourant de ses grands yeux
limpides, lisant bas çà et là, sans qu'aucune impression se trahît sur son frais visage, et cependant avec une petite nuance de moquerie à
l'endroit de Lucienne.

— Quel enfantillage! dit-elle enfin. Allez,
commandant, continua-t-elle gaiement, vous
pouvez m'en croire, elle est digne de vous, et
toi, tu es digne de lui.

— Mademoiselle, dit Gaston, vous entendez
madame Durand? Ah! j'ai plus de courage en
sa présence pour vous répéter ce que je vous disais tout à l'heure: voulez-vous être ma femme?

— Vous êtes un noble cœur, fit Lucienne,
dont le regard devint humide.

— Vous acceptez?

— Non, dit-elle avec effort, je refuse, mais je
vous aime aussi, et je suis bien touchée de ce
que vous me proposez.

— Vous dites que vous m'aimez, et vous me refusez, murmura Gaston. Pourquoi alors?

Elle se tut quelques instants, puis d'une voix tremblante et qui pourtant s'affermissait :

— Parce que je suis pauvre et que je serais un obstacle à votre carrière. Vous avez la jeunesse, l'avenir, la gloire, les honneurs. Je vous attarderais et vous ferais tout perdre. Non, n'insistez pas et partez. Au lieu de la réalité pesante qui vous suivrait, vous garderez de moi un fier et bon souvenir. Vous me verrez toujours dans la poésie de mon luxe, de mon indépendance, de ma beauté, quand vous saviez si bien que je n'étais heureuse de tout cela que pour vous.

— C'est à moi que vous parlez ainsi? s'écria Gaston, et vous voulez que je parte. Ce n'est pas sérieux.

— Hélas! si, commandant.

— Et si vous redeveniez riche?

Elle eut un geste de coquetterie mélancolique.

— Vous tiendriez donc bien à moi, maintenant?

— Oh! oui.

— Si je redevenais riche, fit Lucienne rêveuse... Eh bien! non, poursuivit-elle avec chaleur; même alors il y aurait entre nous un plus profond abîme que par le passé. Avant que je n'aie recouvré ma fortune, si cela doit m'arriver, il s'écoulera un certain temps. Le bruit, le bruit triste et méchant que ma richesse empêchait de se produire, se fera dans ma pauvreté autour de ma personne et de mon nom. Tout ce qu'on me pardonnait à peine, mon originalité, mes excentricités folles, mon laisser-aller, dont vous me blâmiez vous-même, me sera imputé à crime. La perfidie lâche, l'envie, les haineux propos, vont se donner carrière. Je ne vous l'ai point dit, mais j'ai entendu madame Priston tout à l'heure. Elle est l'image de ce monde dont je serai le jouet. Vous ne retrouveriez qu'une femme calomniée, mise à l'index, et cette femme-là n'est pas celle que vous pourriez, que vous devriez épouser. Vous y consentiriez, que je ne le voudrais pas.

Gaston joignit les mains :

— Vous me désespérez, ayez pitié de moi, promettez-moi...

— Non, commandant, c'est irrévocable. Ayez pitié de moi vous-même. Laissez-moi à ma solitude, à ma douleur, à ma pensée qui vous suivra toujours. Et plus tard, mais bien tard, si vous ne m'avez pas oubliée, si c'est possible...

Elle n'acheva pas. Gaston courut à Julie.

— Eh quoi ! s'écria-t-il, vous ne dites rien.

— Il faut du temps, répondit simplement madame Durand, partez.

— Ah ! vous aussi, vous voulez que je parte ! Veillez bien sur elle au moins.

Et, se couvrant le visage de ses mains, il s'élança hors du salon. Julie s'approcha de Lucienne.

— Du courage, ma pauvre enfant!

— Ah! ma bonne Julie, je suis bien malheu-reuse! dit Lucienne en se jetant dans les bras de son amie.

IX

Un an plus tard, par une après-midi du mois
de novembre, mademoiselle d'Avremont était
assise dans le salon du Petit-Château. Elle venait
de laisser tomber le livre qu'elle lisait, et songeait. Par les fenêtres ouvertes, ses regards er-
raient sur la baie de Bourgneuf. Tandis qu'une
brume blanchâtre flottait dans l'air, les rayons
d'un pâle soleil déjà au déclin de sa course glis-
saient sur les eaux. La mer était calme, d'une
profondeur verte et froide à l'œil. Les arbres du
bois de la Chaise avaient perdu leurs feuilles,
les grands rochers se dressaient sombres et sau-

vages. Les cabanes des bains, lavées par la pluie et dont les portes disjointes oscillaient sur leurs gonds, avaient un aspect d'abandon et de délabrement. C'est que le dernier baigneur était parti, et que, la mauvaise saison venue, Pornic était rentré dans sa solitude de bourgade bretonne. Lucienne allait y passer son second hiver. La subite diminution de sa fortune, une profonde aversion pour le monde, peut-être aussi surtout le désir de ne point quitter les lieux où elle avait aimé et souffert, l'avaient retenue au Petit-Château. Elle y vivait avec sa femme de chambre Martine, et Joseph, le vieux serviteur de son père. Tous deux n'avaient point voulu se séparer de leur maîtresse. Quant au chevalier de Rose-Croix, après avoir, le lendemain de la catastrophe, servi de témoin à Gaston, qui s'était battu avec M. de Tournières et lui avait fourni un bon coup d'épée, il s'était, presque au début de la nouvelle existence de Lucienne, esquivé de Pornic pour se mettre, avait-il dit, à la recherche du banquier Dourbal. On prétendait, en effet, que ce dernier n'avait pas eu le temps de fuir à l'étranger et qu'il se cachait à Paris; mais le chevalier n'était plus revenu. Lucienne savait que, pour se livrer à ses démarches, il s'était tout d'abord hébergé chez une de ses vieilles amies, la comtesse de Prével, et qu'il n'avait plus bougé de cette maison, où le train de vie était grand et la chère excellente. Mademoiselle d'A-vremont ne lui en voulait point; elle avait seulement pour lui l'indulgence un peu mélancolique que l'on a pour les enfants qui n'obéissent qu'à leurs naïfs instincts d'égoïsme.

Joseph était entré sans que Lucienne s'en aperçût, et, la voyant absorbée dans sa rêverie, s'était approché d'elle.

— Il fait bien beau aujourd'hui, lui dit-il; mademoiselle devrait sortir.

— Pourquoi faire?

— Pour prendre un peu d'exercice, Martine vous accompagnerait.

— Elle est à son ménage, et il ne faut pas la déranger, reprit mademoiselle d'Avremont en souriant à Joseph. Si je sortais avec elle, nous ne dînerions plus.

— Comme si c'était difficile de faire le dîner de mademoiselle! répondit Joseph. Je mettrais au gratin la belle sole que les pêcheurs vous ont apportée, et tout serait dit.

— A propos de cela, c'est un trop beau poisson. Il ne fallait pas l'accepter de ces braves gens, ou il fallait les forcer à se laisser payer.

— Ah bien oui! ils n'auraient pas voulu d'argent, fit Joseph en se redressant et prenant fait et cause pour les pêcheurs.

Tout à coup Lucienne tressaillit.

— Donne-moi la longue-vue, dit-elle à Joseph.

Elle alla vers la fenêtre, et Joseph, mettant la main au-dessus de ses yeux, regarda dans la même direction qu'elle.

— Tiens, dit-il, on dirait le *Sylphe* qui vient faire une tournée par ici. Malheureusement ce n'est plus M. Dally qui le commande. Il y a un an qu'il l'a quitté.

Le vieux serviteur attendait quelques mots de sa maîtresse ; mais, voyant qu'elle se taisait, il sortit en secouant la tête.

Bientôt Lucienne abaissa la longue-vue.

— Oui, c'est le *Sylphe*, dit-elle. Pauvre petit bateau ! je l'aime. Il me rappelle un temps bien doux et bien triste. L'année dernière pourtant, lorsque je le voyais ainsi passer devant mes fenêtres, je savais qu'au bout d'une heure le commandant serait ici.

Elle s'était assise sur le canapé.

— Il s'asseyait là ; nous causions.

Ses yeux se mouillèrent ; elle les essuya.

— Allons, du courage ! Relisons la lettre de Julie. Cela m'en donnera peut-être.

Elle alla vers son secrétaire et y prit une lettre arrivée la veille. Elle en tournait les feuillets un à un lentement, s'attardant à cette lecture, qui l'arrachait pour quelques minutes à son isolement.

« Enfin, ma chère Lucienne, après ce long bavardage, disait madame Durand, si tu t'inquiètes encore de l'opinion du monde, je t'apprendrai qu'il a été question dernièrement de toi, et qu'il n'y a qu'une voix sur ton compte. Ta simplicité, ta retraite, le malheur qui t'a frappée, le bien que tu fais, t'ont concilié tous les suffrages. On ne parle plus de cette belle mademoiselle d'Avremont à qui l'on ne reprochait que d'être trop riche et trop brillante. Elle a disparu, et à sa place il y en a une nouvelle dont on célèbre à l'envi la bienfaisance de cœur, l'énergie vaillante et la sérénité résignée. Ceux de tes amis qui t'ont vue à la saison des bains sont revenus attendris, c'est le mot. Ton exemple même n'est pas perdu, si je puis mettre un mot pour rire. Notre bel Anatole Leiritz s'est rangé depuis huit jours et a toutes les vertus d'un mari. Son ami Bertrand de Ksannec, qui a vendu sa gentilhommière pour déployer toutes ses grâces rustiques à Paris, a plus de tenue et de bonnes façons qu'on ne l'en aurait supposé capable. Au revoir, ma chérie, je ne te parle pas du marin. Je sais qu'il est au fond de ton cœur. Quant à lui, de sa personne, je crois qu'il est toujours au Sénégal, mais qu'il ne tardera pas à en revenir. Il m'a écrit une lettre éplorée, mais courageuse. Je crois qu'il ne désespère pas de te fléchir un jour. »

Lucienne s'arrêta et dit en souriant :

— Bonne Julie !

Mais à ce moment Martine arriva précipitamment.

— Mademoiselle, ah ! mademoiselle, disait-elle.

— Eh bien ! qu'as-tu ?

— C'est qu'il y a quelqu'un qui demande à vous parler.

Lucienne s'était levée.

— Qui donc ? fit-elle toute frémissante.

— Le commandant Dally.

— Lui ! lui ! s'écria Lucienne coup sur coup et

toute bouleversée. En es-tu bien sûre? Qu'il attende un instant. Je n'ai pas les yeux trop rouges? Non. C'est bien. Va, dis-lui d'entrer.

Elle avait appuyé les deux mains sur son cœur. Quand Dally parut, elle lui dit d'une voix faible et dont elle eût voulu cacher l'émotion :

— C'est vous, commandant? D'où venez-vous?

— De bien loin, répondit Gaston non moins ému qu'elle. Je suis arrivé de Paris hier, et je viens aujourd'hui vous faire ma visite.

— Asseyez-vous.

Et comme il prenait un fauteuil :

— Non, pas là.

Elle lui montra une place à côté d'elle sur le canapé.

— Ici.

— J'ai appris, continua Gaston, que le *Sylphe* est à Pornic. C'est presque une visite d'autrefois que je vous fais.

— C'est à ces visites d'autrefois, répondit Lucienne, que je pensais tout à l'heure quand j'ai vu passer le *Sylphe*.

Gaston se mit à sourire.

— Eh bien! causons comme alors; le voulez-vous?

—Je le veux bien.

Ils cherchaient tous les deux à se cacher leur trouble, et n'y réussissaient point.

— Il n'y a plus personne aux bains? dit Gaston.

— Oh non! nous sommes en automne. Tout le monde est parti.

—Avez-vous revu quelques-uns de vos amis?

—Très-peu; mais Julie, avec son mari et ses enfants, m'a tenu compagnie tout un mois.

—Je le sais, je l'ai vue hier. Je voulais la voir. Nous avons parlé de vous longuement. Je ne vous croyais pas aussi seule. Je savais que le chevalier vous avait quittée, mais j'espérais qu'il serait revenu.

—Non, il aime la bonne chère. Ce n'est pas

l'ingratitude, c'est la logique de son estomac qui l'a retenu loin de moi.

—Madame Durand m'a parlé de la vie que vous meniez ici, de l'affection que ces braves gens ont pour vous. Vous êtes leur bonne dame et leur bon ange.

—Je me suis rappelé ce que vous me disiez de cette affection envers vos matelots, qui remplaçait pour vous de plus doux attachements auxquels votre carrière vous forçait de renoncer, et j'ai voulu voir si c'était vrai.

Sa voix s'altérait de plus en plus.

—Eh bien? lui dit avidement Gaston.

Lucienne n'y tint plus.

—Non, ce n'est pas vrai, dit-elle. Cela console un instant, c'est un noble but dans la vie, mais...

—Achevez, fit Gaston en lui prenant les mains.

—Vous voyez bien que je ne puis pas, poursuivit-elle avec des larmes dans la voix. Vous voyez bien que je vous aime. Je n'ai pensé qu'à vous toute cette année. Elle éclata en sanglots.

— Lucienne, fit Gaston en se penchant vers elle, puisque vous m'aimez et que je vous aime, car vous avez été aussi mon unique et chère pensée, pourquoi pleurez-vous? Est-ce qu'aujourd'hui encore vous m'allez dire que vous ne voulez pas de moi?

Elle le regarda avec une douceur et une tendresse infinies.

—Ah! mon ami, je ne dirai rien. Je suis vaincue. Disposez de mon sort comme vous l'entendrez. Je n'ai plus d'orgueil. J'ai fait de longs retours sur moi-même. J'ai bien vu que vous aviez raison. Je ne suis qu'une femme qui vous aime. Je serai votre compagne obéissante et dévouée. Hélas! je me donne pauvre à vous quand j'eusse été si heureuse de vous apporter la richesse en même temps que l'amour. Vous voyez bien que je vous aime plus que je ne vous ai jamais aimé.

Gaston la serra dans ses bras.

—Que vous êtes bonne, s'écria-t-il, et que je vous aime, moi aussi !

Joseph les interrompit. Il est vrai qu'ils s'é-
taient dit tout ce qu'ils avaient à se dire. Le vieux
serviteur avait ouvert à deux battants, avec une
préméditation joyeuse, la porte du salon et an-
nonçait :

—Monsieur le chevalier.

C'était en effet le chevalier, pomponné, l'œil
brillant et avec un certain embarras qui ne lui
messeyait pas.

— Bonjour, mademoiselle, dit-il; bonjour,
commandant.

—Bonjour, chevalier, répliqua Lucienne. Est-
ce le plaisir de me revoir qui vous donne l'air si
heureux?

—D'abord, puis c'est la nouvelle que je vous
apporte à franc étrier ou plutôt par le train
express. Il est vrai que, depuis la gare, je cours
dans la boue, car il n'y a pas même de carriole
dans ce pays sauvage.

—C'est vrai, mon pauvre chevalier, vous êtes
tout crotté.

— Et la nouvelle ? fit Gaston.

— Je ne vous l'ai point dite ? Ce coquin de Dourbal vient d'être arrêté au moment où il essayait de réaliser ceux de vos titres dont il était porteur. Votre fortune vous revient, un peu écornée peut-être, mais elle vous revient. Comme il n'avait pas eu le temps de la mettre dans ses affaires, personne n'a rien à y voir, et elle vous est restituée de droit.

— Et c'est pour m'apporter cette bonne nouvelle, dit Lucienne avec malice, que vous êtes resté si longtemps à Paris ?

— Je l'attendais d'un jour à l'autre, ne put s'empêcher de balbutier M. de Rose-Croix.

— Allons, chevalier, repartit Lucienne, ne vous en veuillez pas trop. Je suis sûre que vous avez souvent pensé à moi.

— Oui, mademoiselle, fit le chevalier, qui s'inclina devant mademoiselle d'Avremont et lui baisa la main.

— Et pour répondre à votre bonne nouvelle

par une autre, dit alors Gaston, si vous avez eu, l'an dernier, un peu d'amitié pour moi, je vous présenterai à ma femme, madame Dally.

—Ah ! commandant, je vous fais mon sincère compliment. Je savais bien que cela arriverait, et j'ai le bonheur d'être le premier à l'apprendre.

— Avez-vous faim, chevalier ? demanda Lucienne.

—Mais oui, le voyage, l'air de la mer, la joie...

— Alors, Gaston, reprit Lucienne, donnez-moi votre bras. Nous allons manger la sole des pêcheurs de Pornic et fêter le retour du chevalier prodigue.

MONSIEUR

MARGERIE

I

François Dulac était, à trente ans, un des
jeunes maîtres du barreau. Son esprit était à la
fois vif et réfléchi, son éloquence émue, et il
portait dans sa profession un ardent amour de la
vérité. Sa perspicacité surtout, ingénieuse et
profonde, lui avait valu parmi ses collègues une

sorte de célébrité. Au physique, il était bien fait de sa personne, grand et brun, avec d'impétueuses allures qui rendaient d'autant plus remarquable 'expression concentrée et pour ainsi dire intérieurement éclairée de son regard. On disait de lui, avec un peu de jalousie, qu'il voyait clair au milieu des entraînements les plus puissants, et que, dans ses plus éclatants triomphes d'attendrissement ou d'indignation, sa raison ne cessait jamais de gouverner son cœur. Et de fait il en était ainsi, bien que ce fût de sa part entièrement sincère et nullement médité. Il ne subissait en quelque sorte avec passion que l'émotion, irrésistible pour lui, de la logique et du vrai.

Un matin qu'il travaillait dans son cabinet, on lui annonça M. Margerie; ce nom lui était tout à fait inconnu. Celui qui le portait était un homme de trente-cinq ans, à la physionomie douce et fine, aux cheveux châtains un peu rares, et dont les yeux bleus avaient une extrême limpidité. L'attitude de ce visiteur était triste et résolue. Il s'inclina poliment, presque affectueusement, devant François Dulac.

— Monsieur, lui dit-il, d'après tout ce que j'ai entendu de vous, j'ai la plus grande estime pour votre caractère et pour votre talent; je viens donc vous trouver en toute confiance.

L'avocat ne répondit que par un salut et montra un siége à son interlocuteur.

— Monsieur, fit alors M. Margerie, je désire me séparer de ma femme, et je viens vous prier de plaider pour moi.

— Veuillez, monsieur, me mettre au courant de votre situation vis-à-vis de madame Margerie et des motifs qui vous font prendre une aussi grave détermination.

M. Margerie se recueillit quelques instants.

— Nous sommes mariés depuis huit ans, dit-il, et jamais le plus léger nuage n'avait troublé notre union. Nous avons deux enfants, et j'aimais profondément ma femme. Je suis riche et j'habite près de Poitiers une grande propriété que je fais valoir moi-même. Il y a trois mois environ, — c'était en juin, — par une chaude journée, j'avais dirigé en personne les ouvriers qui faisaient la fenaison, et le soir venu, après le dîner, je m'étais assoupi dans mon fauteuil. Au bout de quelques minutes, il me sembla que ma femme se penchait vers moi comme pour s'assurer de mon sommeil et me disait : « Dors-tu ? » Je ne répondis pas, et je dormis réellement, assez longtemps. Quand je me réveillai, la nuit était tout à fait arrivée, et, le souvenir de ce que m'avait dit ma femme me revenant à l'esprit, je la cherchai auprès de moi. Elle n'y était pas. Je pensai qu'elle pouvait être dans la chambre des enfants. J'y allai. Les enfants étaient couchés et dormaient. J'appelai madame Margerie, qui ne me répondit pas. Je n'étais cependant nullement inquiet. J'entendis la pendule sonner dix heures, et je m'approchai machinalement de la fenêtre qui ouvrait sur le jardin. Il faisait un clair de lune admirable, et je tambourinais distraitement de mes doigts sur les vitres. Tout à l'extrémité de la grande avenue plantée d'arbres qui conduit à la grille, j'aperçus ma femme causant avec un homme. Cet homme, que je voyais très-distinctement et dans les moindres détails de son costume, est un de nos voisins de campagne avec qui j'étais fort lié. Il venait nous voir souvent, et je n'avais par conséquent aucune défiance à avoir de lui. Je n'en avais effectivement aucune, et je me contentais de le regarder ainsi que ma femme, quand, après lui avoir tendu la main pour prendre congé d'elle, il l'attira vers lui et l'embrassa tendrement. Madame Margerie, loin de faire aucune résistance, s'abandonna dans ses bras et parut ne le quitter qu'à regret. Je la vis revenir à petits pas et toute pensive vers la maison. Ce dont je venais d'être témoin était pour moi si étrange que je ne voulais pas y croire. Je demeurais stupide et cloué au sol.

— Pardon, monsieur, interrompit François, vous avez vu, bien réellement vu, madame Margerie en compagnie de votre voisin de campagne?

M. Margerie parut étonné. — Comme je vous vois, dit-il à l'avocat.

— Continuez, monsieur.

— Mais j'étais tellement pris au dépourvu par le malheur qui m'arrivait, que je résolus de ne rien témoigner de ce qui se passait en moi; j'en eus le courage. Ma femme entra gaiement dans le salon et m'embrassa. Je domptai un vif sentiment de répugnance indignée. Elle ne s'aperçut de rien. Je lui demandai si elle m'avait effectivement dit : « Dors-tu ? » avant d'aller se promener au jardin. Elle me dit que oui et ne nia point être sortie de la maison. Elle me vanta même la beauté de la nuit et la charmante fraîcheur des arbres. Certes c'était bien hardi de sa part, où j'avais été le jouet d'un rêve ; mais, hélas! sur ce dernier point je ne pouvais me faire illusion. Trop de circonstances impossibles

à mettre en doute me faisaient honteusement
toucher la réalité. J'attendis néanmoins le lendemain. Je me proposais de la mener chez son
amant et de voir quelle serait en ma présence
l'attitude des coupables. Notre voisin nous avait
justement invités à dîner chez lui pour ce jour-
là. J'eus soin de ne pas les laisser seuls afin
que leur entente secrète se révélât par la contrainte à laquelle ils seraient soumis. Vraiment
ils me croyaient aveugle, et j'avais dû l'être
jusque-là. Je ne pus me méprendre aux paroles
à double sens qu'ils s'adressaient, aux regards
qu'ils échangeaient, à leurs alternatives de tristesse inquiète et de joie un peu fébrile. Ma
présence leur devint à la fin tellement à charge
qu'ils renoncèrent à se parler devant moi et que
nous tombâmes tous les trois dans un grand silence. J'avais d'ailleurs la certitude de ce que je
voulais savoir, et je cherchais seulement comment j'allais en arriver à un éclat.

— Pardon, fit encore François Dulac, vous me

dites que vous aviez une certitude, et je veux
bien vous croire; mais je vous ferai remarquer
que cette fois votre certitude n'avait d'autre base
que des présomptions.

— Vous allez voir, reprit M. Margerie, qui
parlait avec une émotion calme, sans aucun
ressentiment apparent, et comme s'il eût voulu
simplement produire à son avocat les pièces du
procès. — Jusqu'à un certain point, continua-
t-il, j'avais lieu, comme vous m'en faites la remar-
que, de douter de moi; mais, en rapprochant
ces présomptions du spectacle auquel j'avais
assisté la veille, j'avais tout au moins le droit
d'interroger ma femme et de voir ce qu'elle me
répondrait. Nous revînmes à pied et je sentais
son bras trembler sous le mien. Quand nous fûmes seuls dans notre chambre, je regardai madame Margerie bien en face, et, marchant sur
elle, je lui dis : — Vous êtes une misérable !

— Moi ! fit-elle en pâlissant d'une façon extraordinaire sous mon regard.

— Vous me trompez avec M. de Lorédan. N'essayez pas de le nier, je le sais !

— Jean ! dit-elle en me jetant mon nom dans un cri d'angoisse.

— Je le sais, vous dis-je. Ne vous ai-je pas vue l'embrasser hier près de la grille ? N'ai-je pas deviné toute cette journée ce que vous étiez pour lui ? Est-ce que je ne lis pas en ce moment votre infamie dans le désordre et la pâleur de vos traits ?

Elle était haletante, ne me quittait point des yeux, et se renversait à demi en arrière, les bras étendus vers moi comme pour conjurer mon courroux.

Je la laissai un moment ainsi.

— Allons, lui dis-je, j'ai songé à ce que je devais faire. Heureusement pour vous, nous avons des enfants, et je me suis résolu à vous faire grâce de la honte cette fois.

— De la honte ! c'est vrai, continua-t-elle en courbant la tête ; j'ai mes enfants.

— Je verrai plus tard comment je dois agir avec votre séducteur ; mais, quant à vous, vous allez me confesser votre faute par écrit et vous en remettre à ma clémence.

Je la forçai à s'asseoir et poussai devant elle une feuille de papier.

— Et elle a écrit ? demanda François.

— Voici sa lettre, répondit M. Margerie.

L'avocat prit un papier que M. Margerie lui tendait et le lut à haute voix :

« Je ne puis pas vous résister, disait madame Margerie, je ne l'ose pas, je ne le dois pas. Oui, puisque vous l'exigez de moi, M. de Lorédan et moi nous sommes coupables. »

— Il y a là une interruption dans le tracé de la lettre, dit l'avocat.

— C'est qu'en effet elle n'en voulait point écrire davantage ; c'est moi qui lui ai dicté ce qui suit :

« Je suis une femme perdue, et je ne puis que m'en remettre, non à votre pardon, mais à votre pitié. »

— Désormais, lui ai-je dit, je vous tiens avec cette lettre, et je me réserve d'en user selon les circonstances.

Il s'arrêta.

— Veuillez la prendre, monsieur Dulac, pour la joindre au dossier de l'affaire.

— Mais cette lettre, par cela même que madame Margerie a consenti à l'écrire, est une sorte de compromis entre elle et vous. Vous ne pouvez en faire usage.

— Ce serait parfaitement juste, si madame Margerie ne m'avait dégagé de ma parole en me donnant de nouveaux motifs de plainte.

— Ah ! fit Dulac.

— Je me suis aperçu que ses relations avec M. de Lorédan n'avaient point cessé. Elle l'avoue d'ailleurs elle-même dans cette seconde lettre que voici :

« Je suis retombée dans la même faute, dans le même crime. Si ce nouvel aveu de ma part, en vous laissant absolument maître de disposer de moi, peut vous amener, au nom de nos enfants, à différer de quelque temps encore mon châtiment, je vous remercierai du fond du cœur. »

— Cette prière est touchante, monsieur Margerie; pourquoi ne vous y rendriez-vous pas?

— Parce que madame Margerie m'écrirait sans doute une troisième lettre et qu'il faut en finir.

—Une dernière question. Qu'avez-vous fait à l'égard de M. de Lorédan?

— Rien. J'avais désiré qu'il ne soupçonnât point que j'étais au courant de ses amours.

—Mais madame Margerie a dû l'en instruire?

—Je le crois, bien que j'eusse exigé d'elle qu'elle ne le fît point. C'est même ainsi qu'elle a dû le déterminer à partir.

— A partir! Où?

— Je n'en sais rien. Il est parti.

—Je vous parle plus en homme du monde qu'en homme de loi. Comptiez-vous donc laisser impunie l'offense que vous a faite M. de Lorédan?

— Oh! que non, répondit en souriant avec beaucoup de placidité M. Margerie; mais ceci, monsieur Dulac, ne regarde que moi.

— C'est juste, dit François.

— Maintenant que j'ai répondu sur tous les points où vous avez cru nécessaire de m'interroger; voulez-vous accepter de plaider pour moi?

— Oui, monsieur. Faites choix d'un avoué et veuillez me mettre en rapport avec lui. Je serai prêt quand l'affaire viendra.

M. Margerie remercia l'avocat et se retira aussi tranquillement qu'il était venu. François Dulac, l'ayant laissé partir, se mit aussitôt à réfléchir à cette affaire. C'était d'ailleurs son habitude. Il se formait d'abord une opinion à grandes lignes, sans approfondir les détails, sous l'impression de ce que ses clients lui avaient dit. Volontairement ensuite il évitait de creuser cette opinion, afin de la retrouver plus tard avec la vivacité de la première heure. Dans l'intervalle,

des circonstances diverses, le plus souvent im-
prévues, mettaient pour lui en relief les points
douteux qu'il n'avait pas négligé de noter, mais
auxquels il n'avait attaché de parti pris que
l'importance secondaire qu'ils paraissaient
avoir. Or, dans le cas présent, M. Margerie lui
apparut comme un parfait honnête homme
trompé par sa femme. Sous l'enveloppe calme
de ce mari, il découvrit les désolants chagrins,
les irrésolutions et les combats de cœur qui
avaient abouti à une décision implacable et
froide. Cet homme de bien, indignement trahi,
avait raison de se séparer de la créature à laquelle il avait inutilement pardonné une première fois. Tout au plus la rédaction des deux
lettres de madame Margerie, qu'il avait entre
les mains et qu'il se mit à relire, le fit-elle légèrement hésiter. La femme qui n'ose ou ne peut
nier une liaison adultère ne trouve généralement
pas d'elle-même une formule pour en faire l'a-
veu. Elle attend passivement que l'époux ou-

tragé lui dicte et la contraigne à tracer ces seuls mots, sans commentaires, qui résument la situation : « Je suis la maîtresse de M. un tel. » Là, au contraire, madame Margerie avait imaginé ce qu'elle devait écrire, et, ce faisant, elle avait obtenu un premier sursis à la peine qu'elle avait encourue. La seconde fois, il est vrai, elle avait échoué ; mais cette façon de procéder n'était que la marque d'une duplicité plus grande et d'une hypocrisie plus consommée. Il était probable qu'elle s'était crue absolument sûre de son empire sur M. Margerie, et qu'elle avait à ne le point quitter un intérêt considérable.

Bien que l'avocat, voulant détourner son attention de cette affaire, se promît de l'étudier plus à loisir quand il en aurait reçu le dossier de l'avoué de M. Margerie, il ne put s'empêcher d'y penser plusieurs fois dans la journée. Ce qui le préoccupait pourtant, c'était moins l'affaire en elle-même que la patience du mari à ne pas venger son affront. Tel qu'il l'avait vu, tel qu'il le jugeait, ce mari n'était pas homme à ne recourir qu'à la loi et à ne se contenter que d'une séparation judiciaire. Quelle vengeance alors méditait-il contre M. de Lorédan? car certainement il en préparait une. Ne le lui avait-il pas d'ailleurs donné à entendre? Et alors son devoir d'avocat, à lui, François Dulac, au lieu de se borner à un plaidoyer vigoureux en faveur du mari dans une cause très-simple et très-claire, n'était-il pas de ne s'engager que sous toutes réserves, en prévision des conséquences ultérieures et probablement fort graves qu'entraînerait la séparation judiciaire une fois obtenue?

Ces considérations diverses le sollicitaient encore quelque peu le lendemain matin, quand son valet de chambre vint le prévenir qu'une femme élégamment vêtue, mais très-voilée, demandait à le voir. Il donna ordre de l'introduire. Elle entra aussitôt, attendit pour parler que la porte se fût refermée derrière elle.—Monsieur, dit-elle alors, vous avez accepté de plaider pour M. Margerie contre sa femme?

— Madame, fit Dulac, avant de vous répondre, je voudrais savoir à qui j'ai l'honneur de parler.

La visiteuse leva lentement son voile : — Je suis madame Margerie.

François tressaillit, la salua, approcha d'elle un fauteuil, se rassit et se mit à la regarder avec curiosité. Madame Margerie, sans baisser les yeux, mais sans forfanterie, sembla se prêter volontiers à cet examen.

C'était une femme de vingt-six à vingt-huit ans, plutôt grande que petite et d'une taille charmante. L'avocat l'avait vue debout et avait été frappé tout d'abord de la dignité de sa démarche. Elle avait des cheveux noirs séparés en épais bandeaux, un front haut et pur, légèrement fuyant. Le regard était profond, difficile à deviner, couvert par une paupière un peu lourde et par de longs cils. Bien qu'il s'offrît de

face, d'une manière franche et loyale, il ne se
livrait pas. Peut-être aussi hésitait-il à le faire.
L'ensemble du visage, ovale et régulier, s'es-
tompait sur les joues du duvet de la jeunesse.
La bouche avait des lèvres pleines, entr'ouvertes en ce moment par un sourire indécis. La
physionomie tout entière de cette jeune femme
offrait une expression vague de chagrin, d'inquiétude et d'espérance. Elle paraissait, du
reste, devoir être très-mobile et prompte, sinon
experte, à refléter les mouvements intérieurs de
l'âme. En somme, madame Margerie était belle,
mais sa beauté avait pour François Dulac, qui
la considérait non sans défiance, un caractère
mal défini et presque inquiétant.

Il s'était écoulé un certain temps quand Dulac
reprit la parole.—Que désirez-vous de moi, madame? dit-il à la jeune femme.

— Je viens vous prier de ne point plaider
pour mon mari.

— J'ai promis à M. Margerie, et, pour que

je ne tinsse pas ma promesse, il faudrait que
vous me fournissiez une raison grave, péremptoire.

— C'est une raison semblable que je vous apporte, monsieur. Mon mari est fou.

II

L'avocat eut un soubresaut d'étonnement,
mais presque aussitôt un sourire ironique plissa
ses lèvres. — Je ne puis, madame, tenir pour
vrai ce que vous avancez que si vous me donnez
des preuves. M. Margerie m'a paru parfaitement
sain de corps et d'esprit.

— Cela ne me surprend pas, monsieur; mais,
si vous consentez à m'écouter, j'espère réussir
à vous convaincre.

— Parlez, madame.

— Je sais, monsieur, tout ce que mon mari
a pu vous dire. Je commence par vous déclarer.

que je le regarde comme le meilleur des hommes et que je lui dois huit années de bonheur. Jamais non plus je n'avais découvert en lui aucun germe de sa maladie, qui a éclaté de la façon la plus brusque et la plus inattendue. Un soir,—il y a environ trois mois de cela,—M. Margerie a prétendu qu'il m'avait vue causer à la grille de notre jardin avec un homme de notre connaissance et que cet homme m'avait embrassée.

— M. Margerie me l'a en effet raconté.

—Eh bien! monsieur, ce soir-là je me suis promenée, mais je n'ai rencontré absolument personne et je ne me suis même pas approchée de la grille.

— Avant de sortir de la chambre où votre mari sommeillait, ne vous êtes-vous pas penchée vers lui et ne lui avez-vous point demandé s'il dormait?

— Oui, monsieur.

— Pourquoi lui avez-vous fait cette question?

— Parce que j'eusse désiré l'emmener avec moi.

—Veuillez continuer.

—Lorsque je rentrai, je lui trouvai un visage extraordinaire. Le lendemain, il m'accompagna chez M. de Lorédan, et je remarquai sans pouvoir m'expliquer pourquoi, qu'il nous observait avec le plus grand soin. A tout hasard, — cette pensée-là vient aux femmes, — je m'imaginai qu'il pouvait être jaloux. Je me promis même de l'en plaisanter. Quand nous fûmes de retour à la maison, il me fit une scène horrible. J'étais glacée de douleur plus encore que d'effroi. Je le voyais dans un tel état que je craignais de l'exaspérer, j'avais peur que sa raison ne lui échappât pour toujours. Il exigea que je lui fisse par écrit l'aveu de ma faute. Je me hâtai presque de lui obéir. J'espérais le contenter avec quelques phrases, les premières venues, dont le désordre même et l'incohérence attesteraient mon innocence.

— Vous pensiez donc, malgré votre trouble, que quelqu'un pourrait les lire un jour?

— C'était pour s'en servir qu'il me les demandait.

— Vous étiez bien prévoyante.

— Ah! monsieur, vous êtes injuste! s'écria madame Margerie, qui se dressa toute droite, et dont le regard, chargé d'émotion et d'éclairs, éblouit l'avocat. Je n'ai songé qu'à le calmer parce que je le voyais souffrir, parce que je l'aimais, parce que j'ai des enfants aussi et que je ne voulais pas qu'on pût dire un jour que leur père était fou.

— Et c'est la même raison qui vous a déterminée plus tard à écrire une autre lettre dans un sens analogue?

— Oui, monsieur, et je la terminais par un appel suprême à sa pitié, que M. Margerie n'a point écouté.

— Est-ce avant cette lettre ou après que vous avez décidé M. de Lorédan à partir?

— C'est avant.

— Vous regardiez donc comme urgent de l'éloigner?

— Je prévoyais tous les malheurs.

— Que lui avez-vous dit pour obtenir de lui qu'il partît?

— Rien qui eût trait à M. Margerie ou à moi. M. de Lorédan avait depuis longtemps des intérêts qui l'appelaient loin de Poitiers. Je lui ai conseillé de s'en occuper.

— Vous aviez alors avec lui une grande intimité?

— M. de Lorédan était notre voisin de campagne, et, comme tel, avant que mon mari ne tombât malade, nous voyait souvent; il m'avait rendu quelques soins, les plus respectueux du monde, à ce point que j'ai toujours pu les ignorer. Je crois qu'il est parti uniquement parce que j'ai paru le désirer.

— Et il ne se doute en rien de l'état de M. Margerie?

— En rien. Il n'y a que moi qui sache que mon mari est fou, et je ne l'ai dit qu'à vous.

Ils cessèrent un instant de parler. Madame Margerie s'était rassise et considérait anxieusement l'avocat, qui avait baissé les yeux et qui frappait à petits coups réguliers, avec son canif, sur le bord de sa table de travail.

Il releva soudain la tête, et avec un visage froid, d'une voix sans expression aucune, il dit à madame Margerie :

— Ainsi, madame, bien décidément pour vous, dans le cas qui nous occupe, votre mari est fou, et vous êtes parfaitement innocente?

Madame Margerie eut un mouvement de fierté offensée. Elle se leva, baissa d'une main tremblante son voile sur sa figure, mais ne put cacher à l'avocat les larmes qui roulaient dans ses yeux.

— Je croyais vous l'avoir dit, monsieur, murmura-t-elle faiblement.

François Dulac alla vers elle.

— Je vous demande pardon, dit-il, de vous avoir blessée.

Ce changement, qui était cependant moins ému que poli, dans les façons et dans la voix de l'avocat fit éclater en sanglots madame Margerie.

— C'est à mon tour de vous demander pardon, dit-elle à François; mais c'est que j'ai bien du chagrin. Puis-je compter sur vous?

Elle lui tendit la main par un geste familier, plein de noblesse pourtant. On eût dit que, depuis qu'elle avait pleuré devant cet homme, il ne lui semblait plus possible qu'il ne crût pas en elle.

— Madame, lui répondit François, je ne me déciderai point à plaider dans cette affaire avant d'avoir revu M. Margerie. Je suis très-respectueusement votre serviteur.

Quand madame Margerie fut partie, l'avocat demeura livré aux réflexions les plus contraires. Où donc était la vérité? C'est ce qu'il cherchait inutilement. Quelle apparence y avait-il à ce que

ce mari qui lui avait parlé avec tant de sens et
de tranquillité fût privé de sa raison? Et cependant madame Margerie qui, à plusieurs reprises,
avait eu de vrais élans de dignité généreuse, n'était certes pas une intrigante; mais ce pouvait
être une personne très-habile, et c'est surtout
lorsqu'il s'agit de rendre la justice qu'il faut se
défier du charme et de la beauté d'une femme.
Elle lui avait laissé d'ailleurs une impression
singulière, presque douteuse. Il ne lui semblait
pas qu'elle lui eût montré son vrai caractère.
Peut-être n'avait-elle point osé s'ouvrir complétement à lui. N'était-il pas un jeune homme? et
il était question pour madame Margerie des côtés les plus délicats de l'affection conjugale. Dulac, sans s'arrêter à cette hypothèse qui ne le
satisfaisait point, était plutôt tenté de croire à une
hostilité secrète entre lui et madame Margerie.
Il ne lui avait pas inspiré confiance, et elle ne
l'avait pas conquis. Quoique ce fût là un motif
d'être tout à fait impartial à son égard, il avait

l'intention de l'être et n'y parvenait pas. En quelque garde que le mît sa conscience contre une supposition hâtive, il subissait une conviction plus forte. C'était M. Margerie qui avait dit la vérité, et madame Margerie ne se confiait pour son salut qu'à un hasardeux mensonge.

Néanmoins il ne cessait point de songer à elle. S'il avait pu sans trop de difficulté ajourner les préoccupations que lui causait l'affaire Margerie lorsqu'il ne s'agissait que du mari, il ne pouvait écarter de lui la pensée de cette femme si malheureuse ou si coupable. Il la revoyait dans ses vêtements élégants et sombres, avec sa démarche hardie et séduisante, lui offrant tour à tour les traits savamment composés d'une accusée qu'on interroge, ou le visage éloquent et bouleversé de l'innocente faussement soupçonnée. Dulac comprit bientôt qu'il serait oiseux à lui de se débattre en d'inutiles recherches loin des acteurs de ce drame intime, et puisqu'il avait promis à madame Margerie, — il s'étonnait, en y réfléchis-

sant, d'avoir pu faire une pareille promesse, —
de ne rien entreprendre avant d'avoir revu
M. Margerie, il se résolut à écrire à ce dernier
pour lui proposer un rendez-vous.

Comme on était en septembre, c'est-à-dire à
l'époque même des vacances de la magistrature,
et que François était tout à fait libre de son
temps, il offrait à M. Margerie de se rencontrer
avec lui à Poitiers. Il comptait sans doute que
son client l'inviterait bien plutôt à venir chez lui,
et en effet M. Margerie n'y manqua point. Il pressait très-amicalement son avocat de venir à La
Berthelière, qui n'était qu'à deux petites lieues
de la ville, par des chemins commodes, et s'offrait à l'aller chercher en voiture à la gare de
Poitiers.

L'avocat déclina poliment cette dernière offre,
car il n'était pas absolument certain du jour où
il pourrait se mettre en route. Le fait est qu'il
préférait arriver à l'improviste et prendre ainsi,
autant qu'il serait possible, madame Margerie

au dépourvu. Il partit d'ailleurs dans les meilleures dispositions pour tirer au clair cette ténébreuse affaire. Il s'était endormi seul, le soir, dans son wagon, quand, le matin, en se réveillant, il se vit en présence d'un compagnon de route. Les deux hommes, après s'être regardés quelques instants comme s'ils eussent voulu remonter à de lointains souvenirs, se rapprochèrent vivement et se serrèrent la main. Ils avaient été camarades de collége et ne s'étaient pas vus depuis quinze ans. Ils s'enquirent naturellement de ce qu'ils étaient devenus tous les deux. Dulac eut pourtant le plaisir de voir que son nom d'avocat n'était pas ignoré de son ami. Quant à celui-ci, des goûts modestes et un héritage qu'il avait fait l'avaient dispensé de chercher la célébrité du barreau.

— Et où vas-tu dans ce moment? dit-il à Dulac. Sans doute plaider quelque grande affaire à Poitiers?

— Non, mon cher Chapuis, je suis en vacances,

et je vais faire une visite à un de mes clients, ou
plutôt à un de mes amis, qui demeure près de
Poitiers, à la Berthelière.

— Tu as raison de dire un de tes amis, car je
doute que l'excellent M. Margerie soit jamais un
de tes clients.

— Le connais-tu donc?

— Si je le connais! Je suis depuis dix ans son
voisin de campagne.

— Tu demeures donc près de La Berthelière?

— A deux pas, à Lorédan; car je ne t'ai pas
dit que je m'appelle maintenant Chapuis de Lorédan. Mon oncle m'a transmis son nom en même
temps que son héritage.

François Dulac fut surpris au dernier point du
hasard qui le mettait en présence de ce M. de Lorédan, qu'il s'était représenté sous des aspects
tout différents, et dans lequel il retrouvait un ami
d'enfance; mais il voulut profiter de l'avantage
que les circonstances lui donnaient sur cet ami,
à supposer toutefois que madame Margerie

ne l'eût pas instruit de tout ce qui s'était passé.

— Je t'ai dit, reprit-il, que M. Margerie était un de mes amis, j'aurais mieux fait de m'en tenir au titre de client que je lui avais donné d'abord, car, bien que je n'aie pas à plaider pour lui, je viens le voir pour une affaire à laquelle il peut être mêlé. Quel homme est-ce en somme ?

— Vous êtes bien, au barreau, dit en riant M. de Lorédan, les plus singulières gens du monde. Suivant les besoins de votre cause, vos clients deviennent vos amis, et vos amis deviennent des clients. Eh bien ! comme je te l'ai dit, M. Margerie est un excellent homme, de beaucoup de mérite, du sens le plus droit et le meilleur. Il a deux enfants et est marié à une femme qu'il adore.

— Madame Margerie est, m'a-t-on dit, très-jolie.

— Tu ne la connais pas ?

— Je ne l'ai jamais vue.

— Elle est aussi bonne que belle. C'est une

femme d'une grande vertu et d'un grand courage.

— Pourquoi d'un grand courage?

— A te parler franchement, je ne sais trop
pourquoi je t'ai dit cela. Il me semble qu'elle
doit être ainsi. Quand je l'ai quittée, — et c'est
elle-même qui m'a conseillé ce voyage où j'avais
à débattre d'assez graves intérêts, — elle m'a paru
avoir quelque chagrin secret qu'elle supportait
vaillamment. Je lui suis tout dévoué, et, si elle
n'y avait mis autant d'insistance, je ne serais
point parti.

— Et tu ne te doutes pas du chagrin qu'elle
peut avoir?

— En aucune façon. Elle est aimée de son
mari; elle l'aime, elle est riche, elle a des enfants qui sont charmants.

Il fit une pause.

— C'est peut-être l'affaire dont tu as à entre-
tenir son mari qui la tourmente.

— Oh! je ne pense pas, répondit François Dulac, qui regarda tranquillement M. de Lorédan.

Celui-ci ne témoigna aucun trouble. Avait-il été sincère ou n'avait-il répondu si complaisamment aux questions de l'avocat que pour le dérouter? La première supposition était la plus probable, car, Dulac n'ayant prévenu personne de son départ de Paris, sa rencontre avec son ami était nécessairement toute fortuite. Ils parlèrent encore des Margerie, mais sans insistance de part ni d'autre. Quand ils arrivèrent à Poitiers, M. de Lorédan, que sa voiture attendait, offrit à Dulac de le conduire à La Berthelière. L'avocat accepta. Il était assez curieux de voir quel effet produirait leur arrivée au château.

Ce fut M. Margerie lui-même qui les reçut au bas du perron. Ils étaient entrés par une grille ouverte, à l'extrémité d'une avenue de grands arbres, juste en face de l'habitation. C'était celle dont M. Margerie avait parlé à Dulac, et il avait dû les voir venir de ce côté. M. de Lorédan et M. Margerie se saluèrent cordialement, échangè-

rent quelques phrases de politesse, ne se donnèrent pourtant pas la main. Très-peu de temps
après, M. de Lorédan, sans manifester aucun
embarras, demanda à M. Margerie si sa femme
était visible, et, sur la réponse affirmative du
mari, il se dirigea vers la maison. M. Margerie,
indécis, le suivit des yeux; puis, prenant brusquement le bras de l'avocat :

— Ne nous occupons pas de cela, lui dit-il.
Pourquoi avez-vous désiré me voir?

— Mais tout naturellement pour vous entrete-
nir une fois encore, avant de voir votre avoué,
de la très-grave situation où nous sommes.

— Ne vous ai-je pas dit que j'en avais pris
mon parti?

— D'une façon irrévocable?

— Oui.

— Alors il est une autre question que je voulais vous adresser. Vous m'avez dit que votre intention était de vous venger de M. de Lorédan.

— En effet, mais vous n'avez point insisté

quand j'ai ajouté que cette vengeance ne regardait que moi. Auriez-vous donc changé d'avis à ce sujet?

— Oui. J'ai réfléchi qu'une séparation judiciaire facilitant cette vengeance telle que vous paraissiez la concevoir, j'avais le droit et même le devoir de savoir quelle elle était, car j'y prête indirectement les mains.

— C'est juste. Voici donc ce que je me propose. Je ne méprise pas assez madame Margerie ni M. de Lorédan pour ne pas croire qu'ils soient profondément épris l'un de l'autre. Quand la séparation aura été prononcée, ils continueront, sans nul doute, de se voir et de s'aimer, et ne tarderont pas à oublier un pauvre hère tel que moi. C'est alors que je me rappellerai à leur souvenir et que je les frapperai en plein bonheur. Je tuerai son amant, à madame Margerie.

— A moins qu'il ne vous tue.

— Ce serait tant pis pour moi; mais que

non! Je le tiens là, au bout de mon pistolet, à trois pas.

Il fit le geste d'ajuster son homme et se mit à rire.

Dulac le regardait attentivement.

— C'est un peu fou, reprit M. Margerie, d'avoir ainsi une foi aveugle dans son bon droit, mais je l'ai. Vous ne nierez point, d'ailleurs, que cette vengeance, pour n'en être que plus complète, ne soit loyalement celle d'un homme du monde.

— Elle est sinistre, murmura François Dulac.

— Et moi donc, dit M. Margerie, est-ce que je n'ai pas mortellement souffert?

Il devint très-pâle.

— Après tout, monsieur, si vous ne croyiez point, dans cette circonstance, devoir m'assister de votre ministère...

— Vous vous adresseriez à quelqu'un de mes confrères?

— J'aurais ce regret. Oui, je l'aurais, et véritable, poursuivit-il en changeant de ton avec une émotion vive, car vous êtes un homme d'honneur et le seul à qui j'aie pu être tenté de confier mes chagrins.

Il tendit ses deux mains à Dulac, qui les prit et les serra.

— Je resterai votre conseil, dit-il à M. Margerie, mais à une condition.

— Laquelle?

— Il ne s'agit plus d'une simple séparation judiciaire qui n'eût entraîné que des malheurs ordinaires, il y a mort d'homme dans l'avenir. Je veux être sûr, non point seulement par les preuves que vous m'avez apportées, mais par mes propres yeux, par une conviction qui soit à moi, que madame Margerie est coupable.

— Oh! elle l'est bien, soyez tranquille, fit amèrement M. Margerie.

— Je n'en sais rien, je n'en veux rien savoir quant à présent, dit François avec autorité.

— Que comptez-vous faire?

— Rester quelques jours ici, sous votre toit, et surtout en agir à ma guise vis-à-vis de M. de Lorédan.

— Il est votre ami, dit avec soupçon M. Margerie.

— Non, fit nettement François Dulac; il n'était que mon camarade de classe, et il y avait quinze ans que nous nous étions perdus de vue, tandis que j'ai pour vous, monsieur Margerie, la plus réelle, la plus sincère sympathie.

Ce fut à son tour de tendre la main à M. Margerie. Celui-ci tressaillit d'abord, puis, haussant les épaules avec une sorte de résignation attristée :

— Faites donc ce qu'il vous plaira, répondit il.

III

François Dulac exprima le désir de n'apporter aucun dérangement aux habitudes du château et de n'y être considéré que comme un de ses hôtes, le plus indépendant à la fois et le moins gênant. Il s'installa de préférence dans une chambre du second étage, qui avait vue, aïnsi que le salon, sur le jardin et sur la grille, et passa quelque temps seul à disposer çà et là ses effets de voyage. Au bout d'une heure, il s'en fut se promener sous l'avenue et guetta la sortie de M. de Lorédan.

Le jeune homme descendit le perron d'un air

joyeux et délibéré, ayant encore son chapeau à la main et passant les doigts dans ses abondants cheveux légèrement bouclés qui se soulevaient à la brise. M. de Lorédan était vraiment un beau garçon, grand, bien fait, d'une physionomie ouverte et franche, plus naïvement énergique que spirituelle. Il aperçut l'avocat et vint aussitôt de son côté.

— J'ai dit à madame Margerie que tu étais arrivé avec moi, et elle s'attendait à ce que tu vinsses la saluer.

— J'ai causé avec son mari. Il me présentera à sa femme au moment du dîner. Et puis, fit-il avec intention, j'aurais craint de vous déranger.

— Nous déranger? demanda d'un ton sérieux M. de Lorédan.

— Sans doute, puisque tu es amoureux de madame Margerie.

M. de Lorédan fronçait les sourcils, tout prêt à se fâcher. Dulac le prévint.

— Tu es amoureux, car M. Margerie est jaloux de toi.

— Lui !

— N'as-tu donc jamais donné prise à cette jalousie ?

Il le regarda bien en face en souriant. Lorédan rougit.

— Je n'en sais rien. Madame Margerie, je ne te l'ai pas caché, m'a toujours paru charmante ; mais je ne crois pas avoir jamais dit un mot ou fait quoi que ce soit qui pût déplaire à M. Margerie.

— C'est ce qui te trompe, et il serait heureux que tu cessasses tes visites.

—T'a-t-il chargé de me le dire ?

— Oui.

— Je vais le voir, fit impétueusement Lorédan.

— A quoi bon ? Ce qu'il y a de mieux en pareil cas, c'est de n'en point arriver à un esclandre. Viens moins souvent, tout simplement.

—Tu es donc bien son ami? Je croyais qu'il n'était que ton client.

— Je suis l'ami de mes clients, voilà tout.

—Et l'affaire qui t'amène ici, peux-tu me la dire?

— Ce n'est pas mon secret, c'est le sien.

M. de Lorédan partit fort désappointé. Il y avait eu dans ses dernières paroles de l'ironie et du soupçon. Il avait envie de parler et cependant se contint.

— Je verrai ce que j'ai à faire, dit-il froidement.

—Je te le conseille, répondit Dulac.

L'avocat ne vit madame Margerie qu'au dîner. Il lui fut présenté sans explications par M. Margerie. Les rapports des deux époux étaient discrets et polis. Le mari évitait de regarder sa femme ou de lui adresser directement la parole. Madame Margerie, au contraire, épiait son mari. S'attendait-elle donc à ce qu'il donnât quelque signe de violence ou de folie? Dulac fit très-aimablement les frais de la conversation. Il aborda, comme à dessein, les sujets les plus divers, et trouva dans M. Margerie un partner plein de vivacité, de bon sens et d'enjouement. Après le repas, il resta seul avec madame Margerie.

— Vous voyez, lui dit-il, que j'ai tenu ma promesse.

— Oui, fit-elle sans chaleur, vous voici.

— Eussiez-vous donc préféré que je ne vinsse pas?

— Oh!! non; mais c'est que je suis bien accablée, bien découragée. Il faut que vous soyez un ami pour moi plus qu'un juge. J'aurais honte autrement de m'être adressée à vous.

Elle leva sur lui des yeux humides, d'une douceur extrême, et qui ne se dérobèrent point à son examen.

— Pourquoi aujourd'hui avez-vous reçu si longtemps M. de Lorédan?

— Pour qu'il ne s'aperçût de rien, et, si sa visite a été longue, c'est qu'il avait à me raconter son voyage.

— Je l'ai vu quand il sortait de chez vous, et

je l'ai congédié. Il ne reviendra plus que rarement, s'il revient.

— Oh ! vous avez bien fait.

— M. Margerie le tuerait peut-être.

— Vous voyez bien qu'il est jaloux de lui.

— Je n'en ai jamais douté.

— Mais il faut que je vous prouve que mon mari a tort d'être jaloux de moi, n'est-ce pas ?

Dulac ne répondit que par son silence.

— Et vos enfants, reprit-il, je ne les ai pas vus ?

— J'ai obtenu qu'ils quittassent la maison. Ils ne doivent pas être témoins de ce qui se passe entre leur père et moi. Ils sont, l'un au collége, l'autre au couvent.

— Loin d'ici ?

— A Poitiers.

— Qu'avez-vous dit à M. de Lorédan, fit-elle au bout d'un instant, pour qu'il s'abstînt de revenir ?

— La vérité ; que M. Margerie voyait défavorablement ses visites.

— Et il vous a cru ?

— A peu près.

Quand François Dulac, ce soir-là, se fut retiré dans sa chambre, il demeura fort perplexe. Tout se passait-il naturellement, ou les deux amants, après s'être concertés, étaient-ils sur leurs gardes ? Leur attitude, leurs réponses, le faisaient pencher autant vers une hypothèse que vers l'autre.

Certes ils devaient avoir pour premier soin de paraître parfaitement innocents ; mais, comme il leur était relativement facile d'y parvenir, ce point-là, pour un observateur tel que l'avocat, devenait secondaire. Ce qui était d'une importance bien plus grande, c'était de les amener à quelque démarche, à quelque imprudence qui les trahît. Aussi Dulac les avait-il séparés. Il se réservait, dût-il prolonger son séjour, de les frapper à l'improviste dans leur amour d'un coup qui les lui livrât. Maintenant, s'ils n'étaient point coupables, c'était évidemment en dehors d'eux

qu'il fallait chercher la preuve de leur innocence.
Or M. Margerie, à en juger par ses actes et par
ses paroles, n'était pas de ces fous candides qui
se laissent surprendre. Il se renfermait dans son
idée fixe comme dans une forteresse, avait ses
preuves en main, son parti pris habilement médité de vengeance. Il ne s'en était rapporté qu'au
témoignage de ses yeux, aux déclarations écrites
de sa femme, et s'était si bien établi dans son
rôle de justicier que, sans l'intervention de l'a-
vocat, il eût paisiblement supporté, pour quelques jours au moins, la présence de M. de Lorédan sous son toit. Son cœur, qui s'était subor-
donné à son cerveau ou à son intelligence, suivant
qu'on l'estimât ou non dénué de raison, avait cessé
de battre, et ce n'était point par des émotions
purement morales qu'on arriverait à le raviver.
C'était la sensation même du fait où sa lucidité
d'esprit avait fait naufrage qu'il se fût bien plutôt
agi de lui rendre, car il y eût accusé de nouveau
sa perception égarée ou maladive. François

Dulac agitait et pesait confusément ces différentes
idées, et, ne sachant à laquelle s'arrêter, s'en
remettait à de prochaines circonstances du soin
de le guider et de l'éclairer.

Les jours qui suivirent se passèrent tranquillement. Il ne fut pas question de M. de
Lorédan, qui d'ailleurs ne se montrait point.
Quoique François Dulac se fût imposé comme
un devoir d'exercer autour de lui la plus stricte
surveillance, ce rôle d'espionnage et de défiance commençait à lui peser. Au fur et à
mesure qu'il pénétrait dans l'intimité de madame
Margerie, le caractère de cette jeune femme,
obscur pour lui au début, s'éclairait à des lueurs
vives et sereines. Elle se fût volontiers abandonnée à ses premiers mouvements, qui étaient
d'une générosité presque impétueuse, et elle
n'osait le faire. C'était d'instinct une femme
passionnée qui avait quelque honte de l'être. Le
chagrin que lui causait son mari, sa situation
douloureuse vis-à-vis de l'avocat qu'elle n'avait

aucun moyen de convaincre et qu'il n'était pas de sa dignité d'implorer, l'exposaient à de subits retours de contrainte et de réserve qui ressemblaient à de la duplicité. Elle sentait cependant que les heures étaient pour elle d'un prix inestimable et qu'une solution, presque toujours menaçante, sous quelque aspect qu'elle l'envisageât, était imminente. Ces anxiétés la rendaient touchante, et Dulac, à de certains moments, inclinait à la croire aussi malheureuse qu'innocente.

Toutefois il passait la plus grande partie de son temps avec M. Margerie, et s'efforçait en vain de découvrir en lui quelque défaillance d'esprit ou de caractère. Cet homme, que sa femme accusait d'être fou et d'être arrivé à la folie par la violence, était d'un grand bon sens pratique et d'une douceur inaltérable. C'était à tel point qu'il devait se surveiller pour cela, car on n'est ainsi maître de soi que par une volonté soutenue. Dulac le pensait d'autant plus qu'il entrevoyait chez son hôte le désir ardent, presque inquiet, d'en finir avec sa situation présente. M. Margerie devait souffrir de cœur, tout autant, plus même que sa femme. Si grande que fût son avidité de vengeance, il redescendait parfois dans ses souvenirs, revoyait le passé, et le revoyait plus cruel d'illusions détruites et de bonheur perdu sous les traits de cette créature belle et perfide auprès de laquelle il vivait encore et qu'il allait bientôt chasser de sa maison. Alors, soit chagrin, soit faiblesse, il se livrait tacitement à Dulac, l'écoutait, le retenait près de lui, avait à son égard de très-légers abandons de sensibilité émue. Si cela se produisait, ce n'était point qu'ils parlassent de madame Margerie, tout au contraire, ils en étaient à n'importe quel sujet de conversation : mais il semblait qu'à l'improviste la blessure de M. Margerie se rouvrît, et que le stoïcisme' non de l'âme, mais de la chair, lui fît défaut pour ne point chanceler. Plusieurs fois, sans motif apparent, il priait alors Dulac de ne le point quitter, se remettait vite et lui souriait avec une expression affectueusement reconnaissante dont l'avocat avait lieu de s'étonner.

Ces dernières observations, si minimes qu'elles fussent, décidèrent François à étudier avec le soin le plus minutieux l'état mental de M. Margerie. La seule chose qu'il put constater, c'est que M. Margerie se cherchait quelquefois et se retrouvait promptement ; mais ce très-faible symptôme d'un manque d'équilibre entre l'âme et le corps pouvait résulter bien plus évidemment de la secousse douloureuse que le mari avait subie qu'il n'avait dû lui être antérieur et la déterminer par une illusion soudaine de l'esprit ou des sens. Il fallait autre chose à Dulac pour asseoir sa conviction, et, ne sachant à quel expédient recourir, partagé de sympathies égales pour madame Margerie et pour M. Margerie, voyant le muet désespoir de l'une, la maladive impatience de l'autre, il se désespérait que les heures et les jours se succédassent sans lui apporter quelque indice irrécusable de la sombre vérité qu'il s'épuisait à poursuivre.

Une après-midi que François Dulac et M. Margerie se promenaient ensemble dans le jardin, derrière la maison, ils entendirent sonner à la grille de l'avenue. C'était l'annonce d'une visite. M. Margerie s'arrêta court, et posant sa main sur le bras de l'avocat : — C'est lui, fit-il.

— Qu'en savez-vous ?

— Je le sens là, dit M. Margerie en touchant sa poitrine. Allez, je ne me trompe pas. Ainsi, continua-t-il avec une ironie amère, vous voyez qu'il revient.

— Je ne vous ai pas dit qu'il ne reviendrait point. Ce qui me surprend, c'est qu'il ait autant tardé.

— Ah ! oui, c'est possible ; mais moi j'en ai assez. Il me semble, monsieur l'avocat, que je vous ai fourni dès le début des preuves suffisantes pour que vous marchiez. Il faut marcher,

— Un avocat digne de ce nom, monsieur, ne commence une affaire qu'avec la conviction de la bonté de sa cause.

— Allez donc chercher cette conviction, puisque les circonstances vous l'apportent.

Il lui désignait la maison du doigt et parlait avec une certitude singulière. Il se ravisa, s'approcha cauteleusement de l'avocat et lui dit à demi-voix :

— Ne faites pas le tour pour monter le perron. Entrez de ce côté-ci de la maison. Une fois au premier étage, prenez le couloir qui est derrière le salon, car c'est au salon qu'ils doivent être. Il y a, en vous servant d'une chaise, un œil-de-bœuf par lequel vous pourrez les voir.

Et comme Dulac hésitait :

— Mais allez donc ! lui dit-il en colère.

L'avocat suivit presque machinalement les instructions de M. Margerie. Il subissait malgré lui son influence, et s'avançait, pour sa part, tout remué de curiosité. Il ne rencontra per-

sonne des gens de la maison et parvint au couloir
en étouffant le bruit de ses pas. Il entendit alors
distinctement deux voix qui étaient celles de
madame Margerie et de M. de Lorédan. Le mari
ne s'était donc pas trompé. Dulac cependant ne
saisissait point le sens des paroles et s'apercevait seulement qu'elles se suspendaient ou se
précipitaient avec une intonation émue. Après
être resté quelques instants indécis, il venait
d'approcher un tabouret de l'œil-de-bœuf, lorsque la honte le prit de l'action qu'il allait commettre. Il se résolut simplement à entrer au
salon, assuré qu'il était de ne pas être attendu
et de surprendre M. de Lorédan et madame
Margerie dans l'attitude même où ils se trouveraient.

Il tourna en effet avec rapidité le bouton et
entra. Madame Margerie, vêtue d'une robe de
mousseline blanche brodée avec une large ceinture bleue dont les bouts flottaient, était languis-
samment assise sur un canapé. Elle avait un

mouchoir sur les yeux et pleurait silencieuse-
ment. M. de Lorédan, auprès d'elle, tenait entre
ses mains la main qu'elle avait de libre. Il était
extraordinairement agité et ne paraissait pas
avoir conscience de ce qu'il lui disait.

Il se retourna brusquement quand François
entra dans le salon et se dressa sur ses pieds.
Madame Margerie ne bougea point, mais elle
ôta le mouchoir qui lui couvrait le visage et
regarda fixement l'avocat. Celui-ci, après avoir
fait quelques pas, s'était arrêté et les examinait
tous les deux. Ce fut M. de Lorédan qui courut
à lui.

— Ah! mon ami, s'écria-t-il, je sais tout.
Quelle épouvantable chose! Madame Margerie
est bien malheureuse. Et moi qui me défiais de
toi! Tu n'es venu au contraire ici que parce
qu'elle t'en a prié et dans une pensée de bien-
veillance et de justice. Pardonne-moi, cher ami,
pardonne-moi.

Il lui prit les mains presque de force, sans

remarquer la demi-résistance de François Dulac,
qui se demandait si l'on ne jouait point devant
lui pour l'abuser une détestable comédie.

— Vous avez donc appris à M. de Lorédan,
fit-il d'un ton de reproche en s'adressant à
madame Margerie, le secret que vous ne vouliez
confier à personne, que vous n'aviez dit qu'à
moi?

— Oh! ne l'accuse pas, reprit Lorédan. Ce
secret lui est échappé dans ses angoisses, dans
ses larmes. Lorsque je l'ai revue pour la première fois il y a quelques jours, j'ai bien deviné
qu'il pouvait y avoir un malheur dans cette
maison; mais lequel? j'étais à cent lieues de le
pressentir. Un instant d'ailleurs elle m'avait
donné le change par sa gaieté, par son courage.
C'est alors que je t'ai rencontré et que tu m'as
congédié au nom de M. Margerie. Il ne m'était
pas toutefois défendu de revenir. J'ai songé à ta
présence, à la nature de tes fonctions, aux
soupçons, à la jalousie de M. Margerie. Si

étrange que me parût une semblable trame, je fus sur la voie : il voulait se séparer de sa femme ; mais ce dont je ne me fusse jamais douté, c'est la folie de M. Margerie. Ah! le pauvre homme !

Il s'exprimait avec volubilité, dans une sorte de désordre qu'il ne pouvait dominer. François Dulac l'écoutait sans lui répondre, et ses regards allaient, tout chargés de méfiance, de M. de Lorédan à madame Margerie.

— Madame, dit-il à la jeune femme, qui ne baissait point les yeux devant lui, il eût été plus digne de vous de ne point parler.

— Vous vous trompez, monsieur, fit-elle en se levant. C'eût été vrai si, dès votre entrée dans cette maison, vous eussiez été franchement un soutien, un ami pour moi qui vous avais appelé et qui vous confiais mon honneur, mieux encore, le bonheur de ma vie. C'eût été vrai si, vous en remettant à ma loyauté plus qu'à votre sagacité, vous aviez cherché la vérité avec moi, et si

même vos efforts avaient abouti à quelque résultat; mais au moment où je les vois impuissants,
et vous ne pouvez nier qu'ils ne le soient, puisque vous hésitez aussi bien devant ma culpabilité
que devant la folie de mon mari, au moment
où l'aveuglement insensé de M. Margerie va
suivre son cours, il est juste que M. de Lorédan,
qui sera mis en cause avec moi, sache au moins
à quelle accusation il devra répondre, car, sur
ma parole, il l'ignorait.

Madame Margerie avait, en achevant ces mots,
cette fierté souveraine et cette douleur éloquente
que François Dulac lui avait déjà vues. Cette
fois cependant il n'en fut point touché.

— Il eût été plus convenable, madame, que
vous lui apprissiez ce secret, debout comme
vous l'êtes maintenant, avec ces éclairs dans les
yeux et ce courroux sur le front, que de la façon
qu'a dite M. de Lorédan, dans les angoisses et
dans les larmes.

— Pour ceci, vous avez raison, reprit madame

Margerie avec une humilité subite. Il m'est venu un moment de faiblesse quand au nom de son affection, — de l'affection, hélas! je n'en ai plus autour de moi, — il m'a suppliée de ne lui rien cacher. Je me suis attendrie à ses paroles; je ne m'en suis point offensée, car je le connais et je le tiens pour un homme de cœur incapable de détour et de calcul égoïste.

Elle marcha droit à M. de Lorédan, à qui elle tendit sa main, qu'il baisa respectueusement en disant:

— Vous m'avez bien jugé, madame.

L'avocat ne répondit rien. Il se maintenait impassible et réfléchissait.

— Et à présent, monsieur Dulac, s'il n'y a plus de malentendu entre nous trois, voulez-vous que nous nous unissions de volonté, d'intelligence, de dévouement, pour détourner les tristes effets de la détermination de mon mari et pour essayer de le guérir?

Sa voix avait autant de caresse que de prière.

Elle attendait, avec une anxiété que partageait M. de Lorédan, la réponse de l'avocat.

— Je ne le puis, madame. M. Margerie est seul, et, lui aussi, il a un profond chagrin dont aucune affection ne lui allége le poids. Je dois rester de son côté. Je serais un mauvais ami pour lui, si, même dans son intérêt, je faisais alliance avec vous.

— Oh! dit-elle en laissant tomber ses bras, est-ce donc la guerre que vous me déclarez?

— Oui, madame, dit alors nettement François Dulac, une guerre loyale, mais sans faiblesse et sans merci.

IV

François Dulac sortit profondément irrité et, ce qui l'étonnait, attristé jusqu'au fond de l'âme. Ce n'est pas qu'il tînt absolument pour fausses les paroles de madame Margerie. Ainsi que Lorédan, elle pouvait être sincère. Il avait pu ne surprendre à ce rendez-vous de deux prétendus coupables que l'expansion vive de sentiments honorables ; mais il s'était fait de cette jeune femme une opinion plus haute. Il ne l'eût pas crue accessible à ces compromis de la douleur, à ces défaillances d'une âme un peu vulgaire. En sa qualité d'avocat, cet étalage de vertu et d'amitié chaste le laissait froid. C'est par là qu'on commence à déserter le devoir et à glisser vers le mal. Il voyait de plus se manifester cette fois, plus acerbe que par le passé, entre lui et madame Margerie, l'hostilité secrète dont il avait, dès le premier jour, eu le pressentiment. Qu'est-ce donc qu'elle attendait de lui? Le voulait-elle pour complice ou s'indignait-elle seulement qu'il la méconnût? Quoi que ce pût être, la seule idée qui le préoccupât au fond, c'était de se venger noblement de madame Margerie en la sauvant. Au moment même où il venait de lui dire qu'il prenait fait et cause pour son mari, il ne songeait plus qu'à la trouver parfaitement innocente, ou tout au moins à lui épargner les conséquences du passé et les dangers de l'avenir.

Cependant aussi, à mesure qu'il réfléchissait à cette situation qui lui paraissait insoluble, le découragement s'emparait de lui. Il ne plaiderait pas cette affaire. Quoiqu'il eût, au point de vue de son métier et de la légalité, des preuves suffisantes et des présomptions assez fortes en faveur de M. Margerie, il sentait trop qu'il n'aurait à son service ni sa liberté d'esprit ni sa liberté de conscience. Il avait, même pour son propre compte, trop vécu dans l'intimité de ces douleurs et de ces combats. Il donnerait quelques heures encore à ses recherches, peut-être aussi à l'espoir de ces découvertes inattendues qui résultent du hasard ; puis, si la lumière ne se faisait point, il prendrait congé de M. Margerie, en le priant de confier ses intérêts à quelque autre avocat dont l'indépendance et la lucidité d'esprit seraient intactes.

Ces différentes réflexions l'avaient absorbé assez longtemps. Il s'était promené dans la grande avenue, avait distraitement salué M. de Lorédan, qui partait, et n'avait songé qu'alors à rejoindre M. Margerie. Il le retrouva sous une onnelle, assis sur un banc, la tête dans ses mains, et ne s'apercevant point, bien que l'avocat n'eût mis aucune précaution à s'approcher, que sa solitude était troublée. François Dulac passa quelques instants à l'observer. Les traits de M. Margerie étaient détendus et sans expression, l'œil ouvert, mais atone, la bouche tombante aux commissures des lèvres. Certes, ce pouvait être la physionomie d'un homme navré de chagrin, ce n'était pas celle d'un fou; mais il y avait peut-être à tirer parti de ce chagrin, à le surexciter, à le pousser à des manifestations violentes. Jusque-là Dulac n'avait vu cet homme que se contraignant au calme et cachant, on pouvait le supposer, sous l'idée fixe inexorable de la première heure la démence inquiète qui s'agitait au fond de lui. L'avocat se résolut donc à tenter l'épreuve, sauf à conjurer plus tard, par sa décision, par son énergie, les conséquences de cette colère qu'il voulait éveiller.

M. Margerie n'avait point encore bougé. Dulac le toucha doucement à l'épaule et ne le tira pas de son accablement. Il le prit alors assez brusquement par le bras en l'appelant par son nom.

La commotion fut immédiate et vraisemblable-
ment douloureuse. M. Margerie se leva, comme
mû par un ressort; un long frisson parcourut
ses membres, son visage tressaillit tout entier, et
son regard s'emplit de lueurs intelligentes.

— Ah! fit-il avec un soupir, je rentre en moi-
même.

— N'y étiez-vous donc plus? demanda Dulac
en souriant.

— Non. Mon ami, continua-t-il d'une voix un
peu craintive, il ne faut pas me laisser seul ainsi.
Le chagrin m'a fait la solitude mauvaise. Je ne
sais plus où je m'en vais.

Il tressaillit encore.

— Cela va bien maintenant.

— Ce n'est pas la solitude qui vous est mauvaise, reprit Dulac, c'est la vengeance que
vous méditez qui vous est trop lourde à porter.

— Oh! non pas, elle est mon idée fixe, c'est
elle qui me fait vivre.

— Vivre! répéta l'avocat. Appelez-vous donc

vivre l'existence indécise que vous menez? Êtes-
vous-donc en possession de vous-même, que
vous n'avez plus, comme tout à l'heure, le sentiment de votre individualité, et qu'il vous
faille, pour vous ressaisir, un effort de tout votre
être?

— Ah! vous vous êtes aperçu de cela.

— Et il ne faudrait pas que d'autres que moi
s'en aperçussent, car ils pourraient dire que
vous n'avez plus votre raison.

— Allez donc, que je suis fou, n'est-ce pas?
dit-il avec un grand sang-froid et en haussant
les épaules.

— Qui sait?

M. Margerie ne répliqua rien, mais il prit
le bras de Dulac et se mit à marcher à ses
côtés.

— J'espère, mon cher maître, lui dit-il bientôt, que maintenant, au sujet de notre affaire,
vous n'avez plus rien qui vous arrête.

— Qu'est-ce qui vous le fait supposer?

— C'est que vous devez avoir à présent la conviction qui vous manquait, et que je vous ai envoyé chercher. Ils étaient ensemble, vous les avez entendus, vous les avez vus.

— Je les ai vus, je les ai entendus, c'est vrai; mais je suis moins que jamais persuadé qu'ils soient coupables.

— Ah! ceci est trop fort. Il se peut que je sois fou, comme vous le prétendiez il n'y a qu'un instant, mais je ne suis pas du moins aussi faible d'esprit que vous paraissez le croire. S'ils ne sont point coupables, si vous n'aviez rien surpris qui les condamne à vos yeux, pourquoi donc avez-vous mis tant de temps à revenir auprès de moi? Êtes-vous donc de ceux qui pensent que les bonnes nouvelles s'apprennent toujours assez vite? Vous êtes un homme de conciliation, et vous eussiez pensé que c'était là une nouvelle heureuse à m'annoncer.

— Je n'ai pas à vous convaincre, répondit froidement l'avocat. Croyez coupables, si cela

vous plaît, M. de Lorédan et madame Margerie.
Quant à moi, je les crois innocents, et je ne me
charge plus de plaider pour vous. Je vous aurai quitté demain.

— Vous me quittez, vous ! s'écria M. Margerie
avec une agitation qu'il ne put maîtriser, vous
me quittez ! Que deviendrai-je alors ? Vous pré-
tendez m'aimer, et vous me laissez seul, et, je
vous l'ai dit, je me sens mal à l'aise, j'ai peur
quelquefois quand je suis seul ! Non, vous avez
pour m'abandonner quelque raison que vous ne
me dites pas.

— C'est vrai. Je conçois qu'un homme de
cœur, et je vous ai cru tel, coure, en un ardent
mouvement de passion, à la défense de son
honneur, qu'il punisse à la fois et l'ami qui
l'outrage et la femme qui le trompe. Je ne comprends pas qu'il ourdisse lentement une trame
pour étaler sa honte à tous les regards, et qu'il
retarde, pour le mesurer plus froidement, le
coup qu'il doit frapper.

— Jusqu'à présent, vous ne m'aviez rien dit de cela !

— Je vous ai dit tout d'abord que votre vengeance était sinistre, je vous ai dit tout à l'heure qu'elle vous était lourde à porter. J'espérais qu'un sentiment noble et prompt s'éveillerait en vous. Il n'en est rien. Je me retire et ne vous prête plus mon aide.

— Pourquoi m'avez-vous dit que vous les croyiez innocents, pourquoi vous jouez-vous de moi ?

— Parce que je ne veux pas marcher avec vous dans une voie de dissimulation et de ténèbres.

— Je ferai ce que vous voudrez; mais, je vous en prie, dit d'un ton presque suppliant M. Margerie, ne me quittez pas.

— Je ne veux rien.

— Si, vous m'excitez à la vengeance telle qu'elle m'était venue à l'esprit en premier lieu; mais j'avais laissé échapper l'occasion. Elle ne s’est plus présentée. Je ne les ai plus vus ensemble comme la première fois, et j’ai attendu parce que je voulais les atteindre l’un et l’autre, l’un par l’autre.

Il se rapprocha.

— Ils ont renoué, n’est-ce pas ? Ils sont peut-être sur le point de se livrer. Elle ne le fera plus partir.

— Je n’ai rien à vous dire. Je ne sais ce qu’ils ont fait autrefois, mais ils sont aujourd’hui plus près de s’aimer qu’ils ne l’ont jamais été.

— Merci. Je vais voir, je vais agir. Je les surprendrai, puisqu’ils se placent à ma portée, et je n’attendrai plus. Attendre ! c’est là vraiment ce qui me tuait.

Il passa la main sur son front.

— J’ai bien souffert, je souffre beaucoup encore. Les infâmes ! moi qui croyais en eux ! Et elle, je l’aimais tant !

M. Margerie se calma, devint presque gai ; puis, comme la cloche du dîner se faisait entendre :

— Ah ! ah! dit il en riant à Dulac, vous êtes un homme, vous, vous n'êtes pas un avocat ordinaire, et n'allez pas au but par quatre chemins ! Vous avez raison.

François néanmoins n'était pas sans inquiétude. Il avait déterminé chez M. Margerie la réaction qu'il se proposait d'amener, il avait contraint l'homme intérieur à se répandre au dehors en saillies saccadées, impétueuses, mais redoutables et subites. Était-il fou dans la véritable acception du mot ? C'est ce qui demeurait douteux encore; mais, à coup sûr, sa raison était vivement ébranlée. Ce qui restait plus obscur, c'était la part que madame Margerie avait dans cette folie. Y avait-il eu une hallucination soudaine, suivie de l'idée fixe, ou la faute de la jeune femme avait-elle amené par la commotion et le chagrin le dérangement d'esprit de son mari ? C'était ce qu'un accident, improvisé selon la logique même de cette situation bizarre, pouvait sans doute éclaircir. François Dulac se

demandait comment il le ferait naître, et n'en
savait rien encore. Toutefois, ne voulant pas
assumer sur lui seul la responsabilité des événements, il laissa entrevoir à madame Margerie
que le dénoûment de la crise qu'ils subissaient
était proche, lui recommanda vis-à-vis de M. de
Lorédan la plus extrême prudence, et exigea
qu'elle lui obéît à lui-même en toutes choses.

— Êtes-vous donc enfin un ami pour moi ? lui
demanda-elle.

Cette fois encore il plongea son regard dans
celui de la jeune femme, n'y vit rien qui l'alarmât
et répondit :

— Je l'espère.

— Et vous sauverez mon mari ? reprit-elle.

— Si vous n'avez pas été coupable, oui, madame.

—Oh ! encore ! fit-elle en rougissant. Tant mieux
si j'ai quelque danger à courir, vous regretterez
au moins d'avoir douté de moi jusqu'au bout ;
mais c'est égal, vous êtes un honnête homme.

Deux grosses larmes coulèrent de ses yeux sur les mains de l'avocat.

—Madame, dit Dulac, faites revenir vos enfants; il faut que vous les ayez près de vous, près de lui.

Il écrivit également un mot à M. de Lorédan et ne ferma point l'œil de la nuit. Il couchait dans la chambre voisine de M. Margerie et surveilla tous ses mouvements. Il remarqua que M. Margerie, dont le sommeil était ordinairement agité, dormit parfaitement cette nuit-là. Il lui avait témoigné le désir de chasser dans la journée du lendemain et s'en fut l'éveiller de très-bonne heure. Ils partirent en chasse par une fraîche matinée de brouillard. La terre était toute détrempée de rosée, et les fils de la Vierge, qui flottaient en nombre infini dans la brume, les arrêtaient parfois au visage et leur faisaient ainsi un léger obstacle. M. Margerie était fort gai, excitait les chiens, caressait son fusil, et, le frappant de la main d'un air capable, le faisait sonner quand il avait tiré un bon coup.

— C'est une bonne arme, disait-il.

Le soleil ne tarda pas à paraître, et, à mesure qu'il montait sur l'horizon, la chaleur, annoncée par la buée épaisse du matin, se faisait sentir davantage ; au milieu du jour, elle fut brûlante, presque intolérable. Ils s'étaient laissé entraîner fort loin de la Berthelière, et après un léger repas pris dans la maison d'un garde, et quelques gorgées d'eau-de-vie, ils revenaient quand même, la démarche un peu lourde et le carnier plein. Comme ils étaient harassés de fatigue, ils ne se parlaient pas. A la lisière d'un bois, ils aperçurent M. de Lorédan à cheval. Le jeune homme les salua de loin, mais ne les accosta point. Il était en jaquette blanche et en chapeau de paille, et tenait un fouet à la main. M. Margerie tressaillit, et, se tournant vers Dulac :

— C'est de cette façon-là qu'il était vêtu, lui dit-il.

Ce fut tout d'ailleurs. Ils continuèrent à marcher et n'arrivèrent que vers six heures à la

Berthelière, pour se mettre à table. Le repas fut copieux, et ils y firent largement honneur. Madame Margerie paraissait préoccupée, Dulac était calme. M. Margerie, qui avait bu plus que d'habitude, parlait avec un peu d'emphase de son adresse et de ses exploits cynégétiques. Il avait un air résolu, des instants de réflexion concentrée, de petits gestes insouciants, et regardait parfois sa femme à la dérobée avec des regards aigus, impatients et décidés. Après le dîner, on monta au salon, au premier étage, et l'on prit le café; M. Margerie s'était assis dans un grand fauteuil et parut s'assoupir. Madame Margerie, qui s'était acquittée jusqu'au bout de ses devoirs de maîtresse de maison, laissa les deux hommes ensemble et sortit. Ils étaient dans une longue pièce à trois fenêtres dont les rideaux de damas de soie rouge, tombants et fermés, renvoyaient sur le parquet les lueurs du foyer. François Dulac avait suivi l'exemple de son hôte en s'allongeant commodément sur un canapé près de la cheminée. Il entendit bientôt la voix de M. Margerie, qui lui disait :

— Est-ce que vous dormez ?

— Non, répondit-il.

— A la bonne heure !

M. Margerie était debout près de l'avocat, un doigt sur les lèvres.

— Madame Margerie est sortie, comme vous l'avez vu, et M. de Lorédan doit être à rôder par là. Je suis descendu tout à l'heure, et j'ai trouvé les portes fermées. Ils sont dans le jardin, sans doute, et ne veulent pas être surpris. A tout hasard, j'ai monté mon fusil.

— Pour quoi faire ?

M. Margerie se mit à sourire.

— Mais vous le savez bien !

— Oh ! répondit Dulac avec une sorte de défi calme, ces choses-là se disent et ne se font pas.

— Vous croyez ? Tenez, il y a ce soir un grand clair de lune comme l'autre fois ; il suffirait que je les aperçusse, et alors...

Il s'approcha de la fenêtre du milieu et disjoignit quelque peu les rideaux, sans pourtant regarder au dehors.

— C'est d'ici que je les ai vus, et c'est là peut-être encore qu'ils se seront donné rendez-vous, car ils me croient endormi. Il s'arrêta.

— Croiriez-vous, dit-il en tremblant légèrement, que, malgré mon désir de vengeance, je n'ai jamais osé, à cette heure-ci, depuis le jour fatal, regarder par cette fenêtre !

—C'est donc cela, fit Dulac, que chaque soir j'ai remarqué qu'on en laissait tomber les rideaux.

— Je le voulais ainsi. Il me semblait que s'ils eussent été ouverts, j'eusse vu les deux coupables comme au premier instant de leur crime, et vraiment alors j'avais trop souffert. Ce serait cependant un moyen bien simple de les surprendre... Pstt! fit-il à Dulac, éteignez les bougies et couvrez le feu, pour que cette fois, s'ils y étaient, je puisse ouvrir la fenêtre sans leur donner l'éveil.

François obéit. M. Margerie, tout en attendant, lui disait :

— Je me les rappelle si bien ; ils se tenaient
embrassés. Les misérables ! je crois que je les
vois toujours !

Il tira brusquement les rideaux, ouvrit la fenêtre et fut frappé en plein au visage par la fraîcheur de la nuit et le blanc rayonnement de
la lune. Il eut alors comme un éblouissement,
donna les marques de la plus grande surprise,
passa la main à plusieurs fois sur son front.

— Mais, dit-il, les insensés y sont encore ; mais
regardez-les donc ! Ma vengeance est à moi !
Dieu me les livre.

— Eh bien ! lui dit sourdement Dulac, puisqu'ils sont là, qu'hésitez-vous ? Tuez-les !

— Vous avez parbleu raison, fit M. Margerie.
C'est mon droit.

Il sauta sur son fusil, l'arma, mit en joue et fit
feu deux fois coup sur coup. Ensuite il recula
en chancelant, et, pris d'un tremblement

nerveux, s'affaissa sur lui-même en criant :

— Je les ai tués ! hélas ! je les ai tués !

Mais au même instant, et pendant que Dulac rallumait les bougies, il se sentit serré dans les bras de sa femme, tandis que ses deux enfants se suspendaient à son cou et que M. de Lorédan lui prenait les mains.

—Non, mon ami, lui disait madame Margerie tout en pleurs, tu ne nous as pas tués. Nous sommes tous là, bien vivants, pour être aimés de toi et pour t'aimer !

—Vous n'avez tué que les fantômes qui vous tourmentaient, lui dit doucement François Dulac.

— Mais alors, fit M. Margerie en tremblant plus fort et en promenant autour de lui des yeux égarés, si rien n'est vrai de ce que j'ai vu pendant si longtemps, c'est que moi... moi... je suis fou.

—Monsieur Margerie, interrompit Dulac avec autorité, on n'est jamais fou tant qu'on croit l'être : on n'est jamais fou quand on pleure, et vous avez envie de pleurer sur les chagrins que

vous avez eus, sur ceux que vous avez causés.
Allez, allez, ne vous contraignez pas.

M. Margerie avait en effet les yeux pleins de
larmes. Il se mit à sangloter dans la poitrine de
sa femme.

— Il est sauvé! dit à celle-ci François Dulac.

M. Margerie avait entendu.

— Mais l'avenir? demanda-t-il.

— Oh ! repartit Dulac, ne vous en préoccupez
pas. Aimez votre femme et soyez heureux. Une
hallucination dont on a guéri ne revient pas.
Elle est de ces dangers qui s'évanouissent dès
qu'on marche à eux. Et puisque, étant votre
avocat, je me suis, par hasard, fait aussi votre
médecin, je puis vous appliquer doublement cet
axiome de droit qui nous est familier et qu'on
n'invoque jamais en vain : *Non bis in idem*.

FIN

TABLE

CATALOGUE

DE

MICHEL LÉVY

FRÈRES

ÉDITEURS

ET DE

LA LIBRAIRIE NOUVELLE

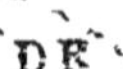

PREMIÈRE PARTIE[1]

Nouveaux ouvrages en vente — Ouvrages divers, format in-8°
Bibliothèque contemporaine, format gr. in-18 — Bibliothèque nouvelle
OEuvres complètes de Balzac — Collection Michel Lévy, form. gr. in-18.
Collection format in-32 — Collection à 50 centimes
Musée littéraire contemporain, in-4° — Brochures diverses
Ouvrages divers illustrés

Tous les ouvrages portés sur ce Catalogue sont expédiés *franco* (contre mandats ou timbres-poste), sans augmentation de prix, excepté les volumes à 1 fr. de la Collection Michel Lévy, auxquels il faut ajouter 25 cent. par volume.

RUE AUBER 3, PLACE DE L'OPÉRA

ET BOULEVARD DES ITALIENS, 15

AU COIN DE LA RUE DE GRAMMONT

PARIS

—

DÉCEMBRE 1871

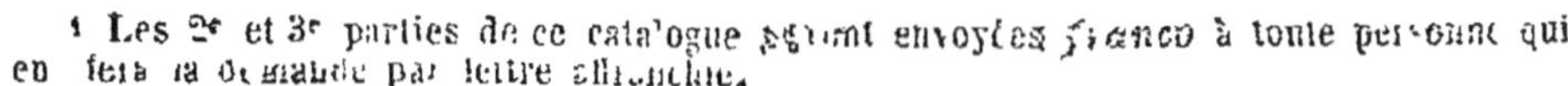

[1] Les 2e et 3e parties de ce catalogue seront envoyées franco à toute personne qui en fera la demande par lettre affranchie.

OUVRAGES DIVERS
Format in-8

J.-J. AMPÈRE, *de l'Acad. franç.* f. c.
CÉSAR, Scènes historiques. 1 vol. . 7 50
L'EMPIRE ROMAIN A ROME. 2 vol. . 15 »
L'HISTOIRE ROMAINE A ROME, avec des plans topographiques de Rome à diverses époques. 8e édit. 4 vol. 30 »
MÉLANGES D'HISTOIRE LITTÉRAIRE ET DE LITTÉRATURE. 2 vol. . . . . 12 »
PROMENADE EN AMÉRIQUE. — États-Unis, Cuba, Mexique. 3e édit. 2 v. 12 »
VOYAGE EN ÉGYPTE ET NUBIE. 1 vol. 7 50

***
MAD. LA DUCH. D'ORLÉANS. 6e éd. 1 v. 6 »
LE DUC D'AUMALE
ALESIA. Étude sur la septième campagne de César en Gaule. Avec 2 cartes (Alise et Alaise). 1 vol. 6 »
HISTOIRE DES PRINCES DE CONDÉ PENDANT LES XVIe ET XVIIe SIÈCLES, avec cartes et portraits gravés sous la direction de M. Henriquel-Dupont. 2 vol. . . . . 15 »
LES INSTITUTIONS MILITAIRES DE LA FRANCE. 1 vol. . . . . . . 6 »
J. AUTRAN de l'Acad. française
LE CYCLOPE, d'après Euripide. 1 vol. 3 »
PAROLES DE SALOMON. 1 vol. . . . 6 »
LE POÈME DES BEAUX JOURS. 1 vol. . 5 »
L. GABAUD-LARIBIÈRE
ÉTUDES HIST. ET ADMINISTR. 2 vol. 12 »
H DE BALZAC
OEUVRES COMPLÈTES. ENVIRON 25 VOLUMES
SCÈNES DE LA VIE PRIVÉE. 4 vol. . 24 »
SCÈNES DE LA VIE DE PROVINCE 3 vol. 18 »
SCÈNES DE LA VIE PARISIENNE. 4 vol. . 24 »
SCÈNES DE LA VIE MILITAIRE. 1 vol. 6 »
SCÈNES DE LA VIE POLITIQUE. 1 vol. 6 »
SCÈNES DE LA VIE DE CAMPAGNE. 1 v. 6 »
ÉTUDES PHILOSOPHIQUES. 3 vol. . . 18 »
THÉÂTRE COMPLET. 1 vol. . . . . . 6 »
J. BARTHÉLEMY SAINT-HILAIRE
LETTRES SUR L'ÉGYPTE. 1 vol. . . . 7 50
L. BAUDENS
Memb. du conseil de santé des armées
LA GUERRE DE CRIMÉE —Campements, abris, ambulances, etc. 1 vol. . . 6 »
IS. BÉDARRIDE
LES JUIFS EN FRANCE, EN ITALIE ET EN ESPAGNE. 3e édition. 1 vol. 7 50
LA PRINCESSE DE BELGIOJOSO
ASIE-MINEURE ET SYRIE. 1 vol. . . 7 50
HIST. DE LA MAISON DE SAVOIE. 1 v. 7 50
E. BENAMOZEGH
MORALE JUIVE ET MOR. CHRÉTIENNE. 1 v. 7 50
HECTOR BERLIOZ
MÉMOIRES, comprenant ses voyages en Italie, en Allemagne, en Russie et en Angleterre, 1803-1865, avec portrait de l'auteur. 1 fort vol. 12 »
BERRIAT SAINT-PRIX
LA JUSTICE RÉVOLUTIONNAIRE. — Août 1792. Prairial an III. D'après des documents originaux. T. Ier. 2e édit. 7 50
E. BEULÉ, *de l'Institut*
AUGUSTE, SA FAMILLE ET SES AMIS. 4e édition. 1 vol. . . . . . . 6 »

E. BEULÉ, *de l'Institut (Suite)* 1. c.
LE SANG DE GERMANICUS. 3e édit. 1 v. 6 »
TIBÈRE ET L'HÉRITAGE D'AUGUSTE. 3e édition. 1 vol. . . . . . . 6 »
TITUS ET SA DYNASTIE. 2e édit. 1 vol. 6 »
LE DRAME DU VÉSUVE. 1 vol. . . . 6 »
J.-B. BIOT *de l'Acad. des Sc. et de l'Ac. fr.*
ÉTUDES SUR L'ASTRONOMIE INDIENNE ET SUR L'ASTRONOMIE CHINOISE. 1 v. 7 50
MÉLANGES SCIENTIFIQUES ET LITTÉRAIRES. 3 vol. 22 50
LE CHANOINE DE BLESER
ROME ET SES MONUMENTS, guide du voyageur catholique dans la capitale du monde chrétien. 2e édition, revue, corrigée et augmentée, avec 66 plans annotés. 1 vol. . . . . . 10 »
CORNELIUS DE BOOM
SOLUTION POLIT. ET SOCIALE. 1 vol. 6 »
FRANÇOIS DE BOURGOING
HISTOIRE DIPLOMATIQUE DE L'EUROPE PENDANT LA RÉVOL. FRANÇAISE. 3 v. 22 50
M.-L. BOUTTEVILLE
LA MORALE DE L'ÉGLISE ET LA MORALE NATURELLE. 1 vol. 7 50
LE DUC DE BROGLIE
VUES SUR LE GOUVERNEMENT DE LA FRANCE. 1 vol. 7 50
LE PRINCE DE BROGLIE de l'Ac. fr.
QUESTIONS DE RELIGION ET D'HISTOIRE. 2 vol. . . . . 15 »
A. CALMON
HISTOIRE PARLEMENTAIRE DES FINANCES DE LA RESTAURATION. 2 vol. 15 »
AUGUSTE CARLIER
DE L'ESCLAVAGE dans ses rapports avec l'Union américaine. 1 vol. . 6 »
HISTOIRE DU PEUPLE AMÉRICAIN. — États-Unis — et de ses rapports avec les Indiens. 2 vol. . . . . 12 »
J. COHEN
LES DÉICIDES. Examen de la Vie de Jésus et des développements de l'Église chrétienne dans leurs rapports avec le judaïsme, 2e édit. revue, corrigée. 1 vol. . . . . . 6 »
OSCAR COMETTANT
LA MUSIQUE, LES MUSICIENS ET LES INSTRUMENTS DE MUSIQUE chez les différents peuples du monde. 1 vol. orné de 150 dessins . . . . . 20 »
J.-J. COULMANN
RÉMINISCENCES. 3 vol. . . . . . 15 »
VICTOR COUSIN de l'Acad. française
PHILOSOPHIE DE KANT. 1 vol. . . 5 »
PHILOSOPHIE ÉCOSSAISE. 1 vol. . . 5 »
J. CRETINEAU-JOLY
LE PAPE CLÉMENT XIV, lettre au Père Theiner. 1 vol. . . . . . . 3 »
LE PRINCE L. CZARTORYSKI
ALEXANDRE Ier ET LE PRINCE CZARTORYSKI — Correspondance particulière et conversations, publiées avec une Introduction. 1 vol. . . 7 50

VICTOR JACQUEMONT f. c.
CORRESPONDANCE INÉDITE avec sa famille, ses amis, 1824-1832, précédée d'une notice par V. *Jacquemont neveu*, et d'une introduction
de *Pr. Mérimée*. 2 vol. . . . . . 12 »

PAUL JANET
LES PROBLÈMES DU XIXe SIÈCLE. 1 v. 7 50

JULES JANIN *de l'Académie française*
LES GAITÉS CHAMPÊTRES. 2 VOL. . 12 »
LA RELIGIEUSE DE TOULOUSE. 2 vol. 12 »

ALPHONSE JOBEZ
LA FEMME ET L'ENFANT. 1 vol. . . . 5 »

LE PRINCE DE JOINVILLE
ÉTUDES SUR LA MARINE.
   L'escadre de la Méditerranée. —
   La Question chinoise.—La Marine
   à vapeur dans les guerres continen-
   tales. 1 vol. 7 50

A. KUENEN — *Trad. A. Pierson*
HISTOIRE CRITIQUE DES LIVRES DE
L'ANCIEN TESTAMENT, avec une
préface par *Ernest Renan*. 1 vol. . 7 50

LAMARTINE
ANTONIELLA. 1 vol. . . . . . . 6 »
GENEVIÈVE. Hist. d'une servante. 1 vol. . 5 »
NOUVELLES CONFIDENCES. 1 vol. . . 5 »
TOUSSAINT LOUVERTURE. 1 vol. . . . 5 »
VIE DE CÉSAR. 1 vol. . . . . . 5 »

CHARLES LAMBERT
L'IMMORTALITÉ SELON LE CHRIST. 1 v. 7 50
LE SYSTÈME DU MONDE MORAL. 1 vol. 7 50

PATRICE LARROQUE
DE LA GUERRE ET DES ARMÉES. 3e *édi-
tion*. 1 vol. . . . . 6 »
EXAMEN CRITIQUE DES DOCTRINES DE
LA RELIGION CHRÉTIENNE. 4e *édi-
tion*. 2 vol. . . . . . . 15 »
DE L'ORGANISATION DU GOUVERNEMENT
RÉPUBLICAIN. 1 vol. . . . . 5 »
RÉNOVATION RELIGIEUSE. 4e *édit*. 1 vol. 7 50

JULES DE LASTEYRIE
HISTOIRE DE LA LIBERTÉ POLITIQUE
EN FRANCE. 1re *Partie*. 1 vol. . 7 50

DE LATENA
ÉTUDE DE L'HOMME. 3e *édit*. 1 vol. 7 50

LATOUR SAINT-YBARS
VIE DE NÉRON. 1 vol. 7 50

LÉONCE DE LAVERGNE
LES ASSEMBLÉES PROVINCIALES SOUS
LOUIS XVI. 1 vol. 7 50

JULES LE BERQUIER
LA COMMUNE DE PARIS. 1 vol. . . . 3 »

VICTOR LE CLERC et **ERNEST RENAN**
HISTOIRE LITTÉRAIRE DE LA FRANCE
AU XIVe SIÈCLE. 2 vol. . . . . . 16 »

CHARLES LENORMANT
BEAUX-ARTS ET VOYAGES, précédés
d'une lettre de *M. Guizot*. 2 vol. 15 »

L. DE LOMÉNIE
BEAUMARCHAIS ET SON TEMPS. Études
sur la Société en France au XVIIIe
siècle. 2e *édition*. 2 vol. . . . . 15 »
LA COMTESSE DE ROCHEFORT ET SES
AMIS. Étude sur les mœurs en
France au XVIIIe siècle, avec des
documents inédits. 1 vol. 7 50

LORD MACAULAY *Tr. G. Guizot* f. c.
ESSAIS HIST. ET BIOGRAPHIQUES. 2 v. 12 »
—LITTÉRAIRES. 1 vol. . . . . . . 6 »
—POLIT. ET PHILOSOPHIQUES. 1 vol. 6 »
—SUR L'HIST. D'ANGLETERRE. 1 vol. 6 »

JOSEPH DE MAISTRE
CORRESPONDANCE DIPLOMATIQUE (1811-
1817), publiée par *A. Blanc*. 2 vol. 15 »
MÉMOIRES POLITIQUES ET CORRESPON-
DANCE DIPLOMATIQUE, avec explica-
tions, etc.. par *Albert Blanc*. 1 v. 6 »

LE COMTE DE MARCELLUS
CHATEAUBRIAND ET SON TEMPS. 1 vol. 7 50
LES GRECS ANCIENS ET LES GRECS
MODERNES. Études littéraires. 1 v. 7 50
SOUVENIRS DIPLOMATIQUES. Corres-
pondance intime de M. de Chateau-
briand. *Nouv. édition*. 1 vol. . 5 »

MARTIN PASCHOUD
LIBERTÉ, VÉRITÉ, CHARITÉ. 1/2 vol. . 2 »

J.-H. MERLE D'AUBIGNÉ
HISTOIRE DE LA RÉFORMATION EN
EUROPE AU TEMPS DE CALVIN. 5 vol. 37 50

MÉRY
NAPOLÉON EN ITALIE, Poème. 1 vol. . 5 »

LE COMTE MIOT DE MELITO
Ancien ambassadeur et ministre
SES MÉMOIRES, publiés par sa famille
(1788-1815). 3 vol. . . . . . . 30 »

Mme A. MOLINOS-LAFITTE
SOLITUDES. 2e *édition*. 1 vol. . . 5 »

LE COMTE DE MONTALIVET
LE ROI LOUIS-PHILIPPE (liste civile).
*Nouv. édit., entièrement revue et
consid. augm. de notes, pièces, etc.,
avec portrait et fac-simile du roi,
le plan du château de Neuilly.* 1 v. 6 »

MORTIMER-TERNAUX
HIST. DE LA TERREUR (1792-1794). 7 v. 42 »

J LOTHROP MOTLEY
*Traduction nouv. précédée d'une
grande introd par M. Guizot.*
HISTOIRE DE LA FONDATION DE LA RÉ-
PUBLIQUE DES PROVINCES-UNIES. 4 v. 24 »

LE BARON DE NERVO
LE COMTE CORVETTO. 1 vol. 7 50
L'ESPAGNE EN 1867. 1 vol. . . . . 5 »
LES FINANCES FRANÇAISES SOUS L'AN-
CIENNE MONARCHIE, LA RÉPUBLIQUE,
LE CONSULAT ET L'EMPIRE. 2 vol. .15 »
LES FINANCES FRANÇAISES SOUS LA
RESTAURATION. 4 vol. . . . . . 30 »
HISTOIRE D'ESPAGNE DEPUIS SES ORI-
GINES, tome Ier 7 50
LA MONARCHIE ESPAGNOLE, SON ORIGINE,
SA CONDITION, etc. 1/2 vol. . . . 2 »

ADOLPHE NEUBAUER
LA GÉOGRAPHIE DU TALMUD. 1 vol. 15 »

MICHEL NICOLAS
DES DOCTRINES RELIGIEUSES DES JUIFS
pendant les deux siècles antérieurs
à l'ère chrétienne. 2e *édit*. 1 vol. . 7 50
ESSAIS DE PHILOSOPHIE ET D'HISTOIRE
RELIGIEUSE. 1 vol. 7 50
ÉTUDES CRITIQUES SUR LA BIBLE.
Ancien Testament. 2e *édit*. 1 vol. 7 50
ÉTUDES CRITIQUES SUR LA BIBLE.
Nouveau Testament. 1 vol. . . . 7 50

MICHEL NICOLAS (*Suite*)   f. c.

ÉTUDES SUR LES ÉVANGILES APOCRY-
PHES. 1 vol. 7 50
LE SYMBOLE DES APÔTRES. 1 vol. . . 7 50

CHARLES NISARD

LES GLADIATEURS DE LA RÉPUBLIQUE
DES LETTRES. 2 vol. . . . . 15 »

LE MARQUIS DE NOAILLES

HENRI DE VALOIS ET LA POLOGNE EN
1752. 3 vol. 22 50

LE DUC D'ORLÉANS

CAMPAGNES DE L'ARMÉE D'AFRIQUE —
1835-1839. — publié par ses fils.
Avant-propos de M. le comte de
Paris, introduction de M. le duc
de Chartres, avec un portrait du
duc d'Orléans par Horace Vernet
et une carte de l'Algérie. 2e *édi-*
tion. 1 beau volume velin. . . . 7 50

CASIMIR PERIER

LES FINANCES DE L'EMPIRE. 1/2 vol. . 1 »
LES FINANCES ET LA POLITIQUE. 1 vol. 5 »
LE TRAITÉ AVEC L'ANGLETERRE. 1/2 v. 1 50

GEORGES PERROT

SOUVENIRS D'UN VOYAGE EN ASIE-
MINEURE. 2e *édition*. 1 vol. . . 7 50

A. PEYRAT

HISTOIRE ÉLÉMENTAIRE ET CRITIQUE
DE JÉSUS, 4e *édition*. 1 vol. . . . 7 50

A. PHILIPPE

ROYER-COLLARD. Sa vie publique, sa
vie privée, sa famille. 1 vol. . . 5 »

L'ABBÉ PIERRE

CONSTANTINOPLE, JÉRUSALEM ET ROME,
avec un plan de Jérusalem et une
carte des côtes orientales de la
Méditerranée. 2 vol. . . . . . 15 »

F. PONSARD *de l'Académie française*

ŒUVRES COMPLÈTES. 2 vol. . . . . 15 »

LE COMTE DE PONTÉCOULANT

SOUVENIRS HISTORIQUES ET PARLEMEN-
TAIRES, extraits de ses papiers et
de sa corresp. (1764-1848). 4 vol. 24 »

PREVOST-PARADOL *de l'Acad. franç.*

ÉLISABETH ET HENRI IV (1595-1598).
2e *édition*. 1 vol. . . . . . . 6 »
ESSAIS DE POLITIQUE ET DE LITTÉ-
RATURE. 3 vol. 22 50
LA FRANCE NOUVELLE, 1 v. 3e *édit.* . 7 50

EDGAR QUINET

HISTOIRE DE LA CAMPAGNE DE 1815.
2e édit. 1 vol. *avec une carte*. . 7 50
MERLIN L'ENCHANTEUR. 2 vol. . . 15 »

JOSEPH DE RAINNEVILLE

LA FEMME DANS L'ANTIQUITÉ ET D'A-
PRÈS LA MORALE NATURELLE. 1 vol. 7 50

Mme RÉCAMIER

SOUVENIRS ET CORRESPONDANCE tirés
de ses papiers. 3e *édition*. 2 vol. 15 »
COPPET ET WEIMAR — MADAME DE
STAEL ET LA GRANDE-DUCHESSE
LOUISE. Récits et Correspondan-
ces, par l'auteur des *Souvenirs de*
Madame Récamier. 1 vol. . . 7 50

H. DE RÉMUSAT *de l'Ac. franç.* f. c.

POLITIQUE LIBÉRALE. ou Fragments
pour servir à la défense de la révolution française. 1 vol. . . . 7 50

ERNEST RENAN *de l'Institut*

LES APÔTRES. 1 vol. 7 50
AVERROÈS ET L'AVERROÏSME, essai his-
torique. 3e *édition*. 1 vol. . . 7 50
LE CANTIQUE DES CANTIQUES, traduit
de l'hébreu, avec une étude sur le
plan, l'âge et le caractère du poëme.
3e *édition*. 1 vol. . . . . . . 6 »
LA CHAIRE D'HÉBREU AU COLLÉGE DE
FRANCE. 3e *édition*. Brochure. . . 1 »
DE L'ORIGINE DU LANGAGE. 1e éd. 1 v. 6 »
ESSAIS DE MORALE ET DE CRITIQUE.
3e *édition*. 1 vol. 7 50
ÉTUDES D'HISTOIRE RELIGIEUSE.
6e *édition*. 1 vol. 7 50
HISTOIRE GÉNÉRALE DES LANGUES SÉ-
MITIQUES. 4e *édition revue et*
augmentée. 1 vol. . . . . . 12 »
HISTOIRE LITTÉRAIRE DE LA FRANCE
AU XIVe SIÈCLE. 2 vol. . . . . 16 »
LE LIVRE DE JOB, traduit de l'hébreu,
avec une étude sur l'âge et le ca-
ractère du poëme. 3e *édition*. 1 vol. 7 50
QUESTIONS CONTEMPORAINES. 2e éd. 1 v. 7 50
LA RÉFORME INTELLECTUELLE ET MO-
RALE. 1 vol. 7 50
SAINT PAUL. 1 vol. avec carte. 7 50
VIE DE JÉSUS. 15e *édition*. 1 vol. . . 7 50

D. JOSÉ GUELL Y RENTÉ

CONSIDÉRATIONS POLIT. ET LIT. 1 vol. 5 »
PENSÉES CHRÉTIENNES, POLITIQUES
ET PHILOSOPHIQUES. 1 vol. . . . 5 »

LOUIS REYBAUD *de l'Institut*

ÉCONOMISTES MODERNES. 1 vol. . . 7 50
ÉTUDES SUR LE RÉGIME DES MANU-
FACTURES. — La soie. 1 vol. . . 7 50
LE COTON. Son régime, ses problè-
mes, son influence en Europe. 1 vol. 7 50
LA LAINE. 3e série des *Études sur le*
régime des manufactures. 1 vol. 7 50

LE COMTE R. R.

LA JUSTICE ET LA MONARCHIE POPU-
LAIRE. 1re *partie :* La Guerre
d'Orient. 1 vol. . . . . 3 »

H. RODRIGUES

LA JUSTICE DE DIEU. 1 vol. . . . . 5 »
LES ORIGINES DU SERMON DE LA MON-
TAGNE. 1 vol. . . . . 3 »
LE ROI DES JUIFS. 1 vol. . . . . . 5 »
SAINT PIERRE. 1 vol. . . . . . . 5 »
LES 3 FILLES DE LA BIBLE. 1 vol. 6 »

J.-J. ROUSSEAU

ŒUVRES ET CORRESPONDANCE INÉ-
DITES, publiées par *M. Streckei-*
sen-Moultou. 1 vol. 7 50
J.-J. ROUSSEAU, SES AMIS ET SES EN-
NEMIS. Corresp. publ. par *M. Strec-*
keisen-Moultou, avec introd. de
M. J. Levallois et une appréciat.
crit. de *M. Sainte-Beuve*. 2 vol. 15 »

LE MARÉCHAL DE SAINT-ARNAUD f. c.

LETTRES, avec pièces justificatives. 2e *édit.*; une notice de M. Sainte-Beuve. 2 vol. *vélin*, ornés du portrait et d'un autographe. . . . 16 »

SAINTE-BEUVE *de l'Acad. française*

POÉSIES COMPLÈTES — JOSEPH DELORME — LES CONSOLATIONS — PENSÉES D'AOUT. N. *édition.* 2 vol. 10 »

VIE, POÉSIES ET PENSÉES DE JOSEPH DELORME. *Nouvelle édition très-augmentée.* 1 vol. . . . . 5 »

SAINT-MARC GIRARDIN *de l'Acad. fr.*

SOUVENIRS ET RÉFLEXIONS POLITIQUES D'UN JOURNALISTE. 1 vol. . . 7 50

LA FONTAINE ET LES FABULISTES. 2 vol. 15 »

SAINT-RENÉ TAILLANDIER

ÉTUDES SUR LA RÉVOLUTION EN ALLEMAGNE. 2 vol. . . . . . . 15 »

MAURICE DE SAXE. *Etude historique d'après des documents inédits.* 2e *édition.* 1 vol. 7 50

PAUL DE SAINT-VICTOR

HOMMES ET DIEUX. 3e *édition.* 1 vol. 7 50

J. SALVADOR

HISTOIRE DES INSTITUTIONS DE MOÏSE ET DU PEUPLE HÉBREU. 3e *édition, revue et augmentée.* 2 vol. . 15 »

JÉSUS-CHRIST ET SA DOCTRINE. Histoire de la naissance de l'Église *Nouv. édition augmentée.* 2 v. . 15 »

PARIS, ROME, JÉRUSALEM. Question religieuse au XIXe siècle. 2 vol. . . 15 »

MAURICE SAND

RAOUL DE LA CHASTRE. 1 vol. . . . 6 »

SANTIAGO ARCOS

LA PLATA. Étude historique. 1 vol. 10 »

EDMOND SCHERER

MÉLANGES D'HISTOIRE RELIGIEUSE. 1 v. 7 50

DE SÉNANCOUR

RÊVERIES. 3e *édition.* 1 vol. . . 5 »

JAMES SPENCE

L'UNION AMÉRICAINE. 1 vol. . . . . 6 »

LORD STANHOPE

Traduction précédée d'une introduction de M. GUIZOT.

WILLIAM PITT ET SON TEMPS. 4 vol. 24 »

DAVID-FRÉDÉRIC STRAUSS
auteur de la vie de Jésus

ESSAIS D'HISTOIRE RELIGIEUSE ET MÉLANGES LITTÉRAIRES, traduction avec introduction d'Ernest Renan. 1 vol. 7 50

A. DE TOCQUEVILLE *de l'Ac. franç.*
OEUVRES COMPLÈTES — *Nouvelle édition*

L'ANCIEN RÉGIME ET LA RÉVOLUTION. 1e *édition.* 1 vol. . . . . 6 »

DE LA DÉMOCRATIE EN AMÉRIQUE. *Nouvelle édition.* 3 vol. . . . 18 »

ÉTUDES ÉCONOMIQUES, POLITIQUES ET LITTÉRAIRES. 1 vol. . . . . . . 6 »

A. DE TOCQUEVILLE (*Suite*) f. c.

MÉLANGES. Fragments historiques et Notes. 1 vol. . . . . 6 »

NOUV. CORRESPONDANCE, inédite. 1 v. 6 »

OEUVRES POSTHUMES ET CORRESPONDANCE. Introd. de M. G. de Beaumont 2 v. 12 »

AUG TROGNON

VIE DE MARIE-AMÉLIE, reine des Français. 2e *édition* 1 vol. . . . 7 50

E. DE VALBEZEN

LES ANGLAIS ET L'INDE. 3e *édit.* 1 vol. . 7 50

OSCAR DE VALLÉE

ANTOINE LEMAISTRE ET SES CONTEMPORAINS. 2e *édition.* 1 vol. . . 7 50

LE DUC D'ORLÉANS ET LE CHANCELIER D'AGUESSEAU. 1 vol. 7 50

LE DUC DE VALMY

LE PASSÉ ET L'AVENIR DE L'ARCHITECTURE. 1 vol. . . . . 5 »

PAUL VARIN

EXPÉDITION DE CHINE. 1 vol. . . . . 5 »

LE DOCTEUR L. VÉRON

QUATRE ANS DE RÈGNE. OU EN SOMMES-NOUS? 1 vol. . . . . . . 5 »

LOUIS DE VIEL-CASTEL

HISTOIRE DE LA RESTAURATION. 13 vol. 78 »

ALFRED DE VIGNY *de l'Acad. franç.*
OEUVRES COMPLÈTES — *Nouvelle édition*

CINQ-MARS. Avec autographes de Richelieu et de Cinq-Mars. 1 vol. . . 5 »

LES DESTINÉES. Poëmes philos. 1 vol. 5 »

POÉSIES COMPLÈTES. 1 vol. . . . . . 5 »

SERVITUDE ET GRANDEUR MILITAIRES. 1 vol. . . . . 5 »

STELLO. 1 vol. . . . . 5 »

THÉATRE COMPLET. 1 vol. . . . . . 5 »

VILLEMAIN *de l'Académie française*

LA TRIBUNE MODERNE : M. DE CHATEAUBRIAND, sa vie, ses écrits, etc. 1 v. 7 50

L. VITET *de l'Académie française*

L'ACADÉMIE ROYALE DE PEINTURE ET DE SCULPTURE. Etude hist. 1 vol. 6 »

LE COMTE DUCHATEL. 1 vol. avec portrait. . . . . 6 »

LE LOUVRE. Etude historique, *revue et augmentée (Sous pr.).* 1 vol. 6 »

CORNÉLIS DE WITT

HISTOIRE CONSTITUTIONNELLE DE L'ANGLETERRE (1760-1860) par *Thomas Erskine May*, traduite et précédée d'une introduction. 2 vol. . . . . 12 »

LE RÉV. CHRISTOPHER WORDSWORT

DE L'ÉGLISE ET DE L'INSTRUCTION PUBLIQUE EN FRANCE. 1 vol. . . . 5 »

BIBLIOTHÈQUE CONTEMPORAINE
ET COLLECTION DE LA LIBRAIRIE NOUVELLE
Format grand in-18 à 3 francs le volume

EDMOND ABOUT vol.
LETTRES D'UN BON JEUNE HOMME A SA COUSINE. 2ᵉ *édition* 1
DERN. LETTRES D'UN BON JEUNE HOMME. 1

AMÉDÉE ACHARD
BELLE-ROSE. *Nouvelle édition* 1
RÉCITS D'UN SOLDAT 2ᵉ *édition* . . . 1

ALARCON
THÉATRE, traduit par *Alph. Royer* . 1

GUSTAVE D'ALAUX
L'EMPEREUR SOULOUQUE ET SON EMPIRE. 1

LE DUC D'ALENÇON
LUÇON ET MINDANAO, extraits d'un journal de voyage dans l'extrême Orient, avec une carte des îles Philippines. 1

LE DUC D'AUMALE
LES ZOUAVES ET LES CHASSEURS A PIED. 1
⁂
SOUVEN. D'UN OFFICIER DU 2ᵉ DE ZOUAVES 2ᵉ *édition augmentée* 1
⁂
VARIA. -Morale. -Politique. -Littérature. 5
⁂
UN MARI EN VACANCES. 1

UN ARTILLEUR
CAPOUE EN CRIMÉE 2

ALFRED ASSOLLANT
D'HEURE EN HEURE 1
GABRIELLE DE CHÉNEVERT. 1

XAVIER AUBRYET
LA FEMME DE VINGT-CINQ ANS. . . . 1
LES JUGEMENTS NOUVEAUX 1

L'AUTEUR DE JOHN HALIFAX
UNE EXCEPTION (a noble life). 1
LA MÉPRISE DE CHRISTINE. 1
OLIVIA. 2

L'AUTEUR DE Mᵐᵉ LA DUCHESSE D'ORLÉANS
VIE DE JEANNE D'ARC. 2ᵉ *édition* . 1

J. AUTRAN *de l'Acad. française*
ÉPÎTRES RUSTIQUES 1

AUGUSTE AVRIL
SALTIMBANQUES ET MARIONNETTES. . . 1

LE Cᵗᵉ CÉSAR BALBO *Trad. J. Amigues*
HISTOIRE D'ITALIE. 2ᵉ *édition*. . . . 2

LOUIS BAMBERGER
M. DE BISMARCK. 1

THÉODORE DE BANVILLE
LES PARISIENNES DE PARIS. *Nouv. édit.* 1

CH. BARBARA
HISTOIRES ÉMOUVANTES 1

J. BARBEY D'AUREVILLY
L'AMOUR IMPOSSIBLE. 1
LE CHEVALIER DES TOUCHES 1
LES PROPHÈTES DU PASSÉ 1

ALEX. BARBIER
LETTRES FAMILIÈRES SUR LA LITTÉRATURE. 1

JULES BARBIER
LE FRANC-TIREUR. Chants de guerre . 1

J. BARTHÉLEMY SAINT-HILAIRE
LETTRES SUR L'ÉGYPTE. 2ᵉ *édition*. 1

CH. BATAILLE — E. RASETTI vol.
ANTOINE QUÉRARD. Drames de Village. 2

CHARLES BAUDELAIRE
ŒUVRES COMPLÈTES — *Édition définitive.*
LES FLEURS DU MAL, poésies compl. . 1
CURIOSITÉS ESTHÉTIQUES. 1
L'ART ROMANTIQUE. 1
PETITS POÈMES EN PROSE — LES PARADIS ARTIFICIELS. 1
HISTOIRES EXTRAORDINAIRES D'EDGAR POE. (*Traduction*). 1
NOUVELLES HISTOIRES EXTRAORDINAIRES. 1
ARTHUR GORDON PYM. — EUREKA. . . 1

L. BAUDENS
LA GUERRE DE CRIMÉE. Les Campements. les Abris, les Ambulances, les Hôpitaux, etc. 2ᵉ *édition* . . 1

LE BARON DE BAZANCOURT
LE CHEVALIER DE CHABRIAC. 1

GUSTAVE DE BEAUMONT
L'IRLANDE SOCIALE. POLIT. ET RELIGIEUSE 7ᵉ *édition, revue et corrigée* . . . 2

ROGER DE BEAUVOIR
COLOMBES ET COULEUVRES. 1
DUELS ET DUELLISTES 1
LES MEILLEURS FRUITS DE MON PANIER . 1

LA PRINCESSE DE BELGIOJOSO
ASIE-MINEURE ET SYRIE. *Nouv. édition* 1

GEORGES BELL
LES REVANCHES DE L'AMOUR. 1
VOYAGE EN CHINE 1

A. DE BELLOY *Traducteur*
COMÉDIES DE PLAUTE. 1
THÉATRE COMPLET DE TÉRENCE. 2ᵉ *éd.* 1

ADOLPHE BELOT
LE DRAME DE LA RUE DE LA PAIX. . . 1

TH. DE BENTZON
LE ROMAN D'UN MUET. 1 vol. 1

HECTOR BERLIOZ
A TRAVERS CHANTS. *Nouv. édition*. . 1
LES GROTESQUES DE LA MUSIQUE. *N. éd.* 1
LES SOIRÉES DE L'ORCHESTRE. *N. édit*. 1

CH. DE BERNARD
NOUVELLES ET MÉLANGES, avec portrait. 1
POÉSIES ET THÉATRE. 1

EUGÈNE BERTHOUD
UN BAISER MORTEL. 2ᵉ *édition*. . . . 1

CAROLINE BERTON
LE BONHEUR IMPOSSIBLE 1

LA COMTESSE DE BOIGNE
LA MARÉCHALE D'AUBEMER. 1
UNE PASSION DANS LE GRAND MONDE. 2ᵉ *éd.* 2

H. BLAZE DE BURY
LE CHEVALIER DE CHASOT 1
ÉCRIVAINS MODERNES DE L'ALLEMAGNE 1
ÉPISODE DE L'HISTOIRE DU HANOVRE. 1
INTERMÈDES ET POÈMES. 1
LES MAITRESSES DE GŒTHE. 1
LA LÉGENDE DE VERSAILLES. 1
MEYERBEER ET SON TEMPS. 1
MUSICIENS CONTEMPORAINS 1
SOUV. ET RÉCITS DES CAMP. D'AUTRICHE. 1

CHARLES MAGNIN — vol.
HISTOIRE DES MARIONNETTES EN EU-ROPE, depuis l'antiquité. 2e *édition*. 1

FÉLICIEN MALLEFILLE
LE CAPITAINE LAROSE 1
LE COLLIER. Contes et Nouvelles. 1

HECTOR MALOT
LES AMOURS DE JACQUES 1
UNE BONNE AFFAIRE. 2e *édition* 1
MADAME OBERNIN. 3e *édition*. 1
LES VICTIMES D'AMOUR. Les Amants. 1
— — Les Époux. 1
— — Les Enfants. 1
LA VIE MODERNE EN ANGLETERRE. 1

EUGÈNE MANUEL
PAGES INTIMES, poesies. 4e *édition* 1
POÈMES POPULAIRES 1

AUGUSTE MAQUET
LES VERTES FEUILLES. 1

MARC-BAYEUX
LA PREMIÈRE ÉTAPE. 1

MARC-MONNIER
LA CAMORRA. 1

LE COMTE DE MARCELLUS
CHANTS POPULAIRES DE LA GRÈCE MO-DERNE, reunis, classés et traduits. 1

CH. MARCOTTE DE QUIVIÈRES
DEUX ANS EN AFRIQUE. 1

X. MARMIER *de l'Acad. franç.*
LES DRAMES DU CŒUR. 2e *édition* 1

LE DOCTEUR FÉLIX MAYNARD
JOURNAL D'UNE DAME ANGLAISE. 1

CH. DE MAZADE
DEUX FEMMES DE LA RÉVOLUTION 1
L'ITALIE ET LES ITALIENS 1
L'ITALIE MODERNE. 1
LA POLOGNE CONTEMPORAINE. 1

E. DU MÉRAC
PLACIDE DE JAVERNY. 1

PROSPER MÉRIMÉE *de l'Acad. franç.*
LES COSAQUES D'AUTREFOIS. 2e *édition* 1
LES DEUX HÉRITAGES. 2e *édition* 1
ÉPISODE DE L'HISTOIRE DE RUSSIE. 2e éd. 1
ÉTUDES SUR L'HISTOIRE ROMAINE. 2e éd. 1
MÉLANGES HISTORIQUES ET LITT. 2e éd 1
NOUVELLES. Carmen —Arsène Guillot—
—L'abbé Aubain etc. 4e *édition*. 1

MÉRY
LES AMOURS DES BORDS DU RHIN. 1
UN CRIME INCONNU. 1
LES JOURNÉES DE TITUS 1
MONSIEUR AUGUSTE. 2e *édition*. 1
LES MYSTÈRES D'UN CHATEAU. 1
LES NUITS ANGLAISES. 1
LES NUITS ESPAGNOLES. 1
LES NUITS ITALIENNES 1
LES NUITS D'ORIENT 1
POÉSIES INTIMES. 1
THÉATRE DE SALON. 2e *édition*. 1
NOUVEAU THÉATRE DE SALON. 1
LES UNS ET LES AUTRES. 1
URSULE. 2e *édition*. 1
LA VÉNUS D'ARLES. 1
LA VIE FANTASTIQUE. 1

PAUL MEURICE
CÉSARA. 2e *édition*. 1
SCÈNES DU FOYER. LA FAMILLE AUBRY. 1

ÉDOUARD MEYER
CONTES DE LA MER BALTIQUE. 1

FRANCISQUE MICHEL — vol.
DU PASSÉ ET DE L'AVENIR DES HARAS 1

MIE D'AGHONNE
BONJOUR ET BONSOIR. 1

Csse DE MIRABEAU—Vte DE GRENVILLE
HISTOIRE DE DEUX HÉRITIÈRES. 1

EUGÈNE DE MIRECOURT
COMMENT LES FEMMES SE PERDENT. 1
LA MARQUISE DE COURCELLES. 1

L'ABBÉ TH. MITRAUD
DE LA NATURE DES SOCIÉTÉS HUMAINES. 1
LE LIVRE DE LA VERTU. 1

CÉLESTE MOGADOR
MÉMOIRES COMPLETS 4

L. MOLAND
LE ROMAN D'UNE FILLE LAIDE. 1

PAUL DE MOLÈNES
L'AMANT ET L'ENFANT. 1
AVENTURES DU TEMPS PASSÉ. 1
LE BONHEUR DES MAIGE. 1
CARACTÈRES ET RÉCITS DU TEMPS. 1
LA FOLIE DE L'ÉPÉE. 1
HISTOIRES SENTIMENTALES ET MILITAIRES. 1

Mme MOLINOS-LAFITTE
L'ÉDUCATION DU FOYER. 1

CHARLES MONSELET
LES ANNÉES DE GAITE. (*Sous presse*). 1
L'ARGENT MAUDIT. 2e *édition*. 1
LA FIN DE L'ORGIE. 1
LA FRANC-MAÇONNERIE DES FEMMES. 1
FRANÇOIS SOLEIL 1
LES GALANTERIES DU XVIIIe SIÈCLE. 1
M. DE CUPIDON. 1
M. LE DUC S'AMUSE. 1
LES ORIGINAUX DU SIÈCLE DERNIER. 1

LE Cte DE MONTALIVET *anc. ministre*
RIEN. — Dix-huit années du gouverne-ment parlementaire 2e *édition*. 1

FÉLIX MORNAND
LA VIE ARABE. 1

HENRY MURGER
LES BUVEURS D'EAU 1
NUITS D'HIVER, Poésies compl. 4e *édit*. 1
SCÈNES DE CAMPAGNE 1
SCÈNES DE LA VIE DE JEUNESSE. 1

PAUL DE MUSSET
UN MAÎTRE INCONNU. 1

NABAR
LA ROBE DE DÉJANIRE. 2e *édition*. 1

CHARLES NARREY
LES DERNIERS JEUNES GENS. 1

HENRI NICOLLE
COURSES DANS LES PYRÉNÉES. 1

CHARLES NISARD
MÉMOIRES ET CORRESPONDANCES HIS-TORIQUES ET LITTÉRAIRES, INÉDITS. 1

D. NISARD *de l'Acad. française*
ÉTUDES DE CRITIQUE LITTÉRAIRE. 1
ÉTUDES SUR LA RENAISSANCE. 2e *édition* 1
MÉLANGES D'HISTOIRE ET DE LITTÉRAT. 1
NOUV. ÉTUDES D'HIST. ET DE LITTÉRAT. 1
SOUVENIRS DE VOYAGE. 2e *édition*. 1

CHARLES NODIER *traducteur*
LE VICAIRE DE WAKEFIELD. 1

LE VICOMTE DE NOÉ
SACHE-BOZOUGLE ET CHASSEURS D'AFR. 1

JULES NORIAC
LA BÊTISE HUMAINE. 17e *édition*. 1
LE CAPITAINE SAUVAGE. 1

BIBLIOTHÈQUE NOUVELLE
Format grand in-18 à 2 francs le volume

EDMOND ABOUT — vol.
- LE CAS DE M. GUÉRIN. 6e *édition* . . . 1
- LE NEZ D'UN NOTAIRE. 7e *édition* . . 1

AMÉDÉE ACHARD
- NELLY 1
- LA TRAITE DES BLONDES 1

PIOTRE ARTAMOV
- HISTOIRE D'UN BOUTON. 4e *édition* . . 1
- LES INSTRUMENTS DE MUSIQUE DU DIABLE. 1
- LA MÉNAGERIE LITTÉRAIRE 1

BABAUD-LARIBIÈRE
- HISTOIRE DE L'ASSEMBLÉE NATIONALE CONSTITUANTE 2

H. DE BARTHÉLEMY
- LA NOBLESSE EN FRANCE avant et depuis 1789 1

Mme DE BAWR
- ROBERTINE 1
- LES SOIRÉES DES JEUNES PERSONNES . . 1

ROGER DE BEAUVOIR
- LES MYSTÈRES DE L'ILE SAINT-LOUIS . . 1
- LES ŒUFS DE PAQUES 1

FRÉDÉRIC BÉCHARD
- L'ÉCHAPPÉ DE PARIS. Nouv. série des *Existences déclassées*. 2e *édition* . 1
- LES EXISTENCES DÉCLASSÉES. 5e *édition* 1

GEORGES BELL
- LUCY LA BLONDE 1

PIERRE BERNARD
- L'A B C DE L'ESPRIT ET DU CŒUR . . . 1

CHARLES BERTHOUD
- FRANÇOIS D'ASSISE 1

ALBERT BLANQUET
- LE ROI D'ITALIE. Roman historique . 1

RAOUL BRAVARD
- CES SAVOYARDS ! 1

E. BRISEBARRE ET E. NUS
- LES DRAMES DE LA VIE 2

CLÉMENT CARAGUEL
- SOUVENIRS ET AVENTURES D'UN VOLONTAIRE GARIBALDIER 1

LA COMTESSE DE CHABRILLAN
- EST-IL FOU ? 1

ÉMILE CHEVALIER
- LES PIEDS NOIRS 1

CLOGENSON
- BEPPO, *de Byron*, trad. en vers . . 1

A. CONSTANT
- LE SORCIER DE MEUDON 1/2

DÉCEMBRE-ALONNIER
- LA BOHÊME LITTÉRAIRE 1

ÉDOUARD DELESSERT — vol.
- LE CHEMIN DE ROME 1

CAMILLE DERAINS
- LA FAMILLE D'ANTOINE MOREL 1

CH. DICKENS *Trad. Amédée Pichot*
- LES CONTES D'UN INCONNU 1

MAXIME DU CAMP
- LES CHANTS MODERNES 1
- LE CHEVALIER DU CŒUR-SAIGNANT . . . 1
- L'HOMME AU BRACELET D'OR. 2e *édition* . 1
- LE SALON DE 1859 1
- LE SALON DE 1861 1

JOACHIM DUFLOT
- LES SECRETS DES COULISSES DES THÉATRES DE PARIS. Mœurs, Usages, Anecdotes, avec une préface de *J. Noriac* 1

ALEXANDRE DUMAS
- L'ART ET LES ARTISTES CONTEMPORAINS 1
- DE PARIS A ASTRAKAN 3
- LA SAN-FELICE 9
- SOUVENIRS D'UNE FAVORITE 4

ÉMILIE
- CHANTS D'UNE ÉTRANGÈRE 1

XAVIER EYMA
- LE ROMAN DE FLAVIO 1

ANTOINE GANDON
- LE GRAND GODARD. 4e *édition* 1

JULES GÉRARD *le Tueur de lions*
- MES DERNIÈRES CHASSES 1

ÉMILE DE GIRARDIN
- BON SENS, BONNE FOI 1
- LE DROIT AU TRAVAIL au Luxembourg et à l'Assemblée nationale 2
- ÉTUDES POLITIQUES. *Nouvelle édition* 1
- LE POUR ET LE CONTRE 1
- QUESTIONS ADMINIST. ET FINANCIÈRES. 1

ÉDOUARD GOURDON
- CHACUN LA SIENNE 1
- LES FAUCHEURS DE NUIT. 5e *édition* . 1
- LOUISE. 12e *édition* 1

LÉON GOZLAN
- LES AVENTURES DU PRINCE DE GALLES . 1

Mme MANOEL DE GRANDFORT
- MADAME N'EST PAS CHEZ ELLE 1
- OCTAVE — COMMENT ON S'AIME QUAND ON NE S'AIME PLUS 1

ED. GRIMARD
- L'ÉTERNEL FÉMININ 1

JULES GUÉROULT
- FABLES 1

ŒUVRES COMPLÈTES
DE
H. DE BALZAC
NOUVELLE ÉDITION COMPLÈTE, EN 45 VOLUMES

À 1 fr. 25 cent. le volume (*Chaque volume se vend séparément*)

Les œuvres que BALZAC a désignées sous le titre de :
La Comédie humaine, forment dans cette édition. . . . 40 volumes.
Les Contes drôlatiques. 3 —
Le Théâtre, seule édition complète . . . . 2 —

COMÉDIE HUMAINE

SCÈNES DE LA VIE PRIVÉE

Tome 1. — LA MAISON DU CHAT QUI PELOTTE. Le Bal de Sceaux. La Bourse. La Vendetta. Madame Firmiani. Une double Famille.

Tome 2. — LA PAIX DU MÉNAGE. La fausse Maîtresse. Etude de femme. Autre Etude de Femme. La grande Bretèche. Albert Savarus.

Tome 3. — MÉMOIRES DE DEUX JEUNES MARIÉES. Une Fille d'Ève.

Tome 4. — LA FEMME DE TRENTE ANS. La femme abandonnée. La Grenadière. Le Message. Gobseck.

Tome 5. — LE CONTRAT DE MARIAGE. Un Début dans la vie.

Tome 6. — MODESTE MIGNON.

Tome 7. — BÉATRIX.

Tome 8. — HONORINE. Le colonel Chabert. La Messe de l'Athée. L'Interdiction. Pierre Grassou.

SCÈNES DE LA VIE DE PROVINCE

Tome 9. — URSULE MIROUET.

Tome 10. — EUGÉNIE GRANDET.

Tome 11. — LES CÉLIBATAIRES — I. Pierrette. Le Curé de Tours.

Tome 12. — LES CÉLIBATAIRES — II. Un Ménage de Garçon.

Tome 13. — LES PARISIENS EN PROVINCE. L'illustre Gaudissart. La Muse du département.

Tome 14. — LES RIVALITÉS. La Vieille Fille. Le Cabinet des Antiques.

Tome 15. — LE LYS DANS LA VALLÉE.

Tome 16. — ILLUSIONS PERDUES — I. Les deux Poètes. Un grand homme de province à Paris, 1re partie.

Tome 17. — ILLUSIONS PERDUES — II. Un Grand homme de province, 2e partie. Eve et David.

SCÈNES DE LA VIE PARISIENNE

Tome 18. — SPLENDEURS ET MISÈRES DES COURTISANES. Esther heureuse. A combien l'amour revient aux Vieillards. Où mènent les mauvais chemins.

Tome 19. — LA DERNIÈRE INCARNATION DE VAUTRIN. Un Prince de la Bohème. Un Homme d'affaires. Gaudissart II. Les Comédiens sans le savoir.

Tome 20. — HISTOIRE DES TREIZE. Ferragus. La duchesse de Langeais. La Fille aux yeux d'or.

Tome 21. — LE PÈRE GORIOT.

Tome 22. — CÉSAR BIROTTEAU.

Tome 23. — LA MAISON NUCINGEN. Les Secrets de la princesse de Cadignan. Les Employés. Sarrasine. Facino Cane.

Tome 24. — LES PARENTS PAUVRES — La Cousine Bette.

Tome 25. — LES PARENTS PAUVRES — Le Cousin Pons.

SCÈNES DE LA VIE POLITIQUE

Tome 26. — UNE TÉNÉBREUSE AFFAIRE. Un Episode sous la Terreur.

Tome 27. — L'ENVERS DE L'HISTOIRE CONTEMPORAINE. Madame de la Chanterie. L'Initié. Z. Marcas.

Tome 28. — LE DÉPUTÉ D'ARCIS.

SCÈNES DE LA VIE MILITAIRE

Tome 29. — LES CHOUANS. Une Passion dans le Désert.

SCÈNES DE LA VIE DE CAMPAGNE

Tome 30. — LE MÉDECIN DE CAMPAGNE.

Tome 31. — LE CURÉ DE VILLAGE.

Tome 32. — LES PAYSANS.

ÉTUDES PHILOSOPHIQUES

Tome 33. — LA PEAU DE CHAGRIN.

Tome 34. — LA RECHERCHE DE L'ABSOLU. Jésus-Christ en Flandre. Melmoth réconcilié. Le Chef-d'œuvre inconnu.

Tome 35. — L'ENFANT MAUDIT. Gambara. Massimilla Doni.

Tome 36. — LES MARANA. Adieu. Le Réquisitionnaire. El Verdugo. Un Drame au bord de la mer. L'Auberge rouge. L'Elixir de longue vie. Maître Cornélius.

Tome 37. — SUR CATHERINE DE MÉDICIS. Le Martyr calviniste. La Confidence des Ruggieri. Les deux Rêves.

Tome 38. — LOUIS LAMBERT. Les Proscrits. Seraphita.

ÉTUDES ANALYTIQUES

Tome 39. — PHYSIOLOGIE DU MARIAGE.

Tome 40. — PETITES MISÈRES DE LA VIE CONJUGALE.

CONTES DROLATIQUES

Tome 41. — 1er *dixain*.

Tome 42. — 2e *dixain*.

Tome 43. — 3e *dixain*.

THÉÂTRE

Tome 44. — VAUTRIN, drame en 5 actes. Les Ressources de Quinola, comédie en 5 actes. Paméla Giraud, comédie en 5 actes.

Tome 45. — LA MARÂTRE, drame intime en 5 actes. Le Faiseur (Mercadet), comédie en 5 actes (entièrement conforme au manuscrit de l'auteur.)

ŒUVRES DE JEUNESSE
DE H. DE BALZAC
NOUVELLE ÉDITION COMPLÈTE EN 10 VOLUMES
A 4 fr. 25 cent. le volume (*chaque volume se vend séparément*)

ARGOW LE PIRATE.	1 vol.	L'HÉRITIÈRE DE BIRAGUE.	1 vol.
LE CENTENAIRE.	1 —	L'ISRAÉLITE.	1 —
LA DERNIÈRE FÉE.	1 —	JANE LA PALE.	1 —
DOM GIGADAS.	1 —	JEAN-LOUIS.	1 —
L'EXCOMMUNIÉ.	1 —	LE VICAIRE DES ARDENNES.	1 —

OUVRAGES DIVERS

J. AUTRAN *de l'Acad. franç.* f. c.
LABOUREURS ET SOLDATS. 2e éd. 1 v. 5 »
LES POÈMES DE LA MER. 1 vol. . . 5 »
LA PRINCESSE DE BELGIOJOSO
SCÈNES DE LA VIE TURQUE. 1 vol. . 5 »
J.-B. BORÉDON
GABRIEL ET FIAMMETTA. 1 vol . . . 5 »
LOUIS BOUILHET
POÉSIES. Festons et Astragales. 1 vol. 5 .
A. BRIZEUX
ŒUVRES COMPLÈTES. *Éd. définit.* 2 v. 12 »
LE COMTE GUY DE CHARNACÉ
LES FEMMES D'AUJOURD'HUI. 2e éd. 2 v. 10 »
LE COMTE DE CHEVIGNÉ
LES CONTES REMOIS illustrés par
  E. Meissonier 6e *édition.* 1 vol. . 5 »
VICTOR COUSIN
PHILOSOPHIE DE KANT. 4e éd. 1 vol. 6 »
CHARLES EMMANUEL
LES DÉVIATIONS DU PENDULE ET LE
  MOUVEMENT DE LA TERRE. 1 vol. 1 »
EUGÈNE FROMENTIN
UN ÉTÉ DANS LE SAHARA. 1 volume. . 5 »
LÉON GOZLAN
LE MÉDECIN DU PECQ. 1 volume. . . 5 »
ALEXANDRE GUÉRIN
LES RELIGIEUSES. 1 volume.. . . . 1 »
HOFFMANN. *Trad. Champfleury*
CONTES POSTHUMES 1 vol. . . . . 6 »
LA REINE HORTENSE
LA REINE HORTENSE EN ITALIE. EN
  FRANCE ET EN ANGLETERRE. 1 vol. 5 »
LÉON HOLLÆNDER
DIX-HUIT SIÈCLES DE PRÉJUGÉS CHRÉ-
  TIENS. 1 volume . . . . 2 »
J. JANIN
LES CONTES DU CHALET 2e éd. 1 v. 6 »
LAMARTINE
GRAZIELLA. 1 vol. . . . . 5 »
NOUVELLES CONFIDENCES. 1 vol. . . 5 »
LASSABATHIE, *Admin. du Conserv.*
HISTOIRE DU CONSERVATOIRE IMPÉRIAL

DE MUSIQUE ET [DE DÉCLAMATION. f. c.
  1 volume. . . . . 5 »
AUGUSTE LUCHET
LA CÔTE-D'OR A VOL D'OISEAU. 1 vol. 2 »
LA SCIENCE DU VIN. 1 volume. . . 2 50
STEPHEN DE LA MADELAINE
CHANT. Études prat. de style. 1/2 vol. 2 »
PAUL DE MOLÈNES
COMMENTAIRES D'UN SOLDAT. 1 vol.. 5 »
P. MORIN
COMMENT L'ESPRIT VIENT AUX TABLES.
  1 volume 1 50
LA COMTESSE NATHALIE
LA VILLA GALIETTA. 1 vol . . . . 5 »
LE BARON DE HERVO
SOUVENIRS DE MA VIE. 1 vol. . . . 3 50
A. PEYRAT
UN NOUVEAU DOGME. Histoire de l'Im-
  maculée Conception. 1 volume. . 3 »
GUSTAVE PLANCHE
ÉTUDES LITTÉRAIRES. 1 volume. . . 5 »
ÉTUDES SUR LES ARTS 1 volume. . 5 »
A. DE PONTMARTIN
LETTRES D'UN INTERCEPTÉ. 1 vol. . 2 50
LE DOCTEUR RAULAND
LE LIVRE DES ÉPOUX. Guide pour
  la guérison de l'Impuissance, de
  la stérilité et de toutes les maladies
  des organes génitaux. 1 fort vol. . 4 »
ERNEST RENAN
JÉSUS. 1 vol. in-32. 18e *édition.* . 1 25
MARY-ÉLIZA ROGERS
LA VIE DOMESTIQUE EN PALESTINE.
  1 volume. 3 50
***
MÉMOIRES D'UN PROTESTANT condamné
  aux galères de France pour cause de
  religion. 1 volume. 3 50
LE ROI LOUIS-PHILIPPE
MON JOURNAL. Événements de 1815.
  2 volumes . . . . 10 »
WARNER
SCHAMYL. 1 volume. . . . . 2 »

ÉTUDES CONTEMPORAINES — Format in-18

ÉDOUARD DELPRAT
L'ADMINISTRATION DE LA PRESSE. 1 v. 1 »
A. GERMAIN
MARTYROLOGE DE LA PRESSE. 1 vol. . 2 50
LE COMTE D'HAUSSONVILLE
LETTRE AU SÉNAT. 1 vol. . . . . 1 »
LÉONCE DE LAVERGNE
LA CONSTITUTION DE 1852 ET LE DÉ-
  CRET DU 24 NOVEMBRE. 1 vol. . 1 »

ED. DE SONNIER
LES DROITS POLITIQUES DANS LES
  ÉLECTIONS. — Manuel de l'Élec-
  teur et du Candidat. 1 vol. . . . 1 »
***
LA LIBERTÉ RELIGIEUSE ET LA LÉ-
  GISLATION ACTUELLE. 1 vol. . . . 1 »

COLLECTION MICHEL LÉVY
ET BIBLIOTHÈQUE DE LA LIBRAIRIE NOUVELLE
1 franc le volume grand in-18 de 300 à 400 pages

AMÉDÉE ACHARD — vol.

BRUNES ET BLONDES.	1
LA CHASSE ROYALE.	2
LES DERNIÈRES MARQUISES	1
LES FEMMES HONNÊTES.	1
PARISIENNES ET PROVINCIALES.	1
LES PETITS-FILS DE LOVELACE	1
LES RÊVEURS DE PARIS.	1
LA ROBE DE NESSUS.	1

ACHIM D'ARNIM *Tr. Th. Gautier fils*

CONTES BIZARRES	1

ADOLPHE ADAM

SOUVENIRS D'UN MUSICIEN	1
DERNIERS SOUVENIRS D'UN MUSICIEN.	1

W.-H. AINSWORTH *Trad. H. Revoil*

LE GENTILHOMME DES GRANDES ROUTES.	2

****

MADAME LA DUCHESSE D'ORLÉANS, HÉLÈNE DE MECKLEMBOURG-SCHWERIN.	1

ALFRED ASSOLLANT

HISTOIRE FANTASTIQUE DE PIERROT.	1

ÉMILE AUGIER *de l'Acad. française*

POÉSIES COMPLÈTES	1

LE DUC D'AUMALE

INSTITUTIONS MILITAIRES DE LA FRANCE	1
LES ZOUAVES ET LES CHASSEURS A PIED.	1

J. AUTRAN *de l'Acad. française*

MILIANAH. Épisode des guer. d'Afrique.	1

H. DE BALZAC

THÉÂTRE COMPLET.	2

THÉODORE DE BANVILLE

ODES FUNAMBULESQUES	1

J. BARBEY D'AUREVILLY

L'ENSORCELÉE.	1

ODYSSE BAROT

HISTOIRE DES IDÉES AU XIXe SIÈCLE. — ÉM. DE GIRARDIN, sa vie, ses idées, etc.	1

Mme DE BASSANVILLE

LES SECRETS D'UNE JEUNE FILLE	1

Mme DE BAWR

NOUVELLES.	1
RAOUL, ou l'Enéide.	1
ROBERTINE	1
LES SOIRÉES DES JEUNES PERSONNES.	1

BEAUMARCHAIS

THÉÂTRE, avec Notice de *L. de Loménie*.	1

GUSTAVE DE BEAUMONT

L'IRLANDE SOCIALE, POLITIQUE ET RELIG.	2

ROGER DE BEAUVOIR

AVENTURIÈRES ET COURTISANES.	1
LE CABARET DES MORTS.	1
LE CHEVALIER DE CHARNY.	1
LE CHEVALIER DE SAINT-GEORGES	1
L'ÉCOLIER DE CLUNY.	1

ROGER DE BEAUVOIR *(Suite)* — vol.

HISTOIRES CAVALIÈRES.	1
LA LESCOMBAT	1
MADEMOISELLE DE CHOISY	1
LE MOULIN D'HEILLY.	1
LES MYSTÈRES DE L'ÎLE SAINT-LOUIS.	2
LE PAUVRE DIABLE	1
LES SOIRÉES DU LIDO.	1
LES TROIS ROHAN.	1

Mme ROGER DE BEAUVOIR

CONFIDENCES DE Mlle MARS	1
SOUS LE MASQUE	1

HENRI BÉCHADE

LA CHASSE EN ALGÉRIE.	1

Mme BEECHER STOWE

CASE DE L'ONCLE TOM. (*Trad. Filatte*)	2
SOUVENIRS HEUREUX. (*Trad. Forcade*).	3

LA PRINCESSE DE BELGIOJOSO

ASIE-MINEURE ET SYRIE.	1

GEORGES BELL

SCÈNES DE LA VIE DE CHATEAU	1

BENJAMIN CONSTANT

ADOLPHE, avec notice de *Sainte-Beuve*.	1

A. DE BERNARD

LE PORTRAIT DE LA MARQUISE.	1

CHARLES DE BERNARD

LES AILES D'ICARE.	1
UN BEAU-PÈRE	1
L'ÉCUEIL.	1
LE GENTILHOMME CAMPAGNARD	2
GERFAUT.	1
UN HOMME SÉRIEUX	1
LE NŒUD GORDIEN	1
LE PARATONNERRE	1
LE PAPAVENT.	1
PEAU DU LION ET CHASSE AUX AMANTS.	1

BERNARDIN DE SAINT-PIERRE

PAUL ET VIRGINIE — Précédé d'un essai par *Prevost-Paradol*.	1

ÉLIE BERTHET

LA BASTIDE ROUGE	1
LES CHAUFFEURS	1
LE DERNIER IRLANDAIS	1
LA ROCHE TREMBLANTE.	1

EUGÈNE BERTHOUD

SECRETS DE FEMME	1

CAROLINE BERTON

ROSETTE	1

ALBERT BLANQUET

LA BELLE FERRONNIÈRE.	1
LA MAITRESSE DU ROI.	1

****

HOMMES DU JOUR.	1
LES SALONS DE VIENNE ET DE BERLIN.	1

CH. DE BOIGNE

LES PETITS MÉMOIRES DE L'OPÉRA.	1

LOUIS BOUILHET

MÉLÆNIS, conte romain	1

RAOUL BRAVARD
vol.

- L'HONNEUR DES FEMMES — 1
- UNE PETITE VILLE — 1
- LA REVANCHE DE GEORGES DANDIN — 1

A. DE BRÉHAT

- L'AMOUR AU NOUVEAU-MONDE — 1
- LES AMOUREUX DE VINGT ANS — 1
- LES AMOURS DU BEAU GUSTAVE — 1
- LES AMOURS D'UNE NOBLE DAME — 1
- L'AUBERGE DU SOLEIL D'OR — 1
- LE BAL DE L'OPÉRA — 1
- LA CABANE DU SABOTIER — 1
- LES CHASSEURS D'HOMMES — 1
- LES CHASSEURS DE TIGRES — 1
- LE CHATEAU DE VILLEPON — 1
- LES CHAUFFEURS INDIENS — 1
- LES CHEMINS DE LA VIE — 1
- LE COUSIN AUX MILLIONS — 1
- DEUX AMIS — 1
- UN DRAME A CALCUTTA — 1
- UN DRAME A TROUVILLE — 1
- HISTOIRES D'AMOUR — 1
- UNE FEMME ÉTRANGE — 1
- LES ORPHELINS DE TRÉGUÉREC — 1
- SCÈNES DE LA VIE CONTEMPORAINE — 1
- LA SORCIÈRE NOIRE — 1
- LA VENGEANCE D'UN MULATRE — 1

BRILLAT-SAVARIN

- PHYSIOLOGIE DU GOUT. *Nouv. édition.* — 1

MAX BUCHON

- EN PROVINCE — 1

E.-L. BULWER *Trad. Amédée Pichot*

- LA FAMILLE CAXTON — 2
- LE JOUR ET LA NUIT — 2

ÉMILIE CARLEN *Trad. Souvestre*

- DEUX JEUNES FEMMES — 1

ÉMILE CARREY

- L'AMAZONE. HUIT JOURS SOUS L'ÉQUATEUR — 1

HIPPOLYTE CASTILLE

- HISTOIRES DE MÉNAGE — 1

CHAMPFLEURY

- LES BOURGEOIS DE MOLINCHART — 1
- LES EXCENTRIQUES — 1
- M. DE BOISDHYVER — 1
- LES SENSATIONS DE JOSQUIN — 1
- SOUVENIRS DES FUNAMBULES — 1
- LA SUCCESSION LE CAMUS — 1

F. DE CHATEAUBRIAND

- ATALA—RENÉ—LE DERNIER ABENCÉRAGE, avec avant-propos de *Sainte-Beuve.* — 1
- LE GÉNIE DU CHRISTIANISME, avec un avant-propos de *M. Guizot* — 2
- HISTOIRE DE FRANCE, essai analytique avec une notice par *Sainte-Beuve.* — 2
- ITINÉRAIRE DE PARIS A JÉRUSALEM, avec une Etude de *M. de Pontmartin.* — 2
- LES MARTYRS, avec un essai d'*Ampère.* — 2
- LES NATCHEZ, avec un essai du *Prince Albert de Broglie.* — 2
- LE PARADIS PERDU de *Milton,* trad. préc. d'une étude de *M. John Lemoinne.* — 1
- VOYAGE EN AMÉRIQUE, avec une introduction de *Sainte-Beuve.* — 1

ÉMILE CHEVALIER

- LES DERNIERS IROQUOIS — 1
- LA FILLE DES INDIENS ROUGES — 1
- LA HURONNE — 1
- LES NEZ-PERCÉS — 1
- PEAUX-ROUGES ET PEAUX-BLANCHES — 1
- LES PIEDS-NOIRS — 1

ÉMILE CHEVALIER (*Suite*)
vol.

- POIGNET-D'ACIER — 1
- LA TÊTE-PLATE — 1

GUSTAVE CLAUDIN

- POINT ET VIRGULE — 1

Mme LOUISE COLET

- QUARANTE-CINQ LETTRES DE BÉRANGER — 1

HENRI CONSCIENCE

- L'ANNÉE DES MERVEILLES — 1
- AURÉLIEN — 2
- BATAVIA — 1
- LES BOURGEOIS DE DARLINGEN — 1
- LE BOURGMESTRE DE LIÉGE — 1
- LE CHEMIN DE LA FORTUNE — 1
- LE CONSCRIT — 1
- LE COUREUR DES GRÈVES — 1
- LE DÉMON DE L'ARGENT — 1
- LE DÉMON DU JEU — 1
- LES DRAMES FLAMANDS — 1
- LA FIANCÉE DU MAITRE D'ÉCOLE — 1
- LE FLÉAU DU VILLAGE — 1
- LE GANT PERDU — 1
- LE GENTILHOMME PAUVRE — 1
- LA GUERRE DES PAYSANS — 1
- LE GUET-APENS — 1
- HEURES DU SOIR — 1
- HISTOIRE DE DEUX ENFANTS D'OUVRIERS — 1
- LE JEUNE DOCTEUR — 1
- LA JEUNE FEMME PALE — 1
- LE LION DE FLANDRE — 2
- MAITRE VALENTIN — 1
- LE MAL DU SIÈCLE — 1
- LE MARCHAND D'ANVERS — 1
- LE MARTYRE D'UNE MÈRE — 1
- LA MÈRE JOB — 1
- L'ONCLE ET LA NIÈCE — 1
- L'ONCLE REIMOND — 1
- L'ORPHELINE — 1
- LE PAYS DE L'OR — 1
- UN SACRIFICE — 1
- LE SANG HUMAIN — 1
- SCÈNES DE LA VIE FLAMANDE — 2
- SOUVENIRS DE JEUNESSE — 1
- LA TOMBE DE FER — 1
- LE TRÉSOR DE GAND — 1
- LES VEILLÉES FLAMANDES — 1
- LA VOLEUSE D'ENFANT — 1

H. CORNE

- SOUVENIRS D'UN PROSCRIT POLONAIS — 1

P. CORNEILLE

- ŒUVRES, avec notice de *Sainte-Beuve.* — 2

LA COMTESSE DASH

- UN AMOUR COUPABLE — 1
- LES AMOURS DE LA BELLE AURORE — 1
- LES BALS MASQUÉS — 1
- LA BELLE PARISIENNE — 1
- LA CHAINE D'OR — 1
- LA CHAMBRE BLEUE — 1
- LE CHATEAU DE LA ROCHE-SANGLANTE — 1
- LES CHATEAUX EN AFRIQUE — 1
- LA DAME DU CHATEAU MURÉ — 1
- LA DERNIÈRE EXPIATION — 1
- LA DUCHESSE D'ÉPONNES — 1
- LA DUCHESSE DE LAUZUN — 3
- LA FEMME DE L'AVEUGLE — 1
- LES FOLIES DU CŒUR — 1
- LE FRUIT DÉFENDU — 1
- LES GALANTERIES DE LA COUR DE LOUIS XV.
- — LA RÉGENCE — 1
- — LA JEUNESSE DE LOUIS XV — 1

LA COMTESSE DASH (*Suite*)

	vol.
— LES MAITRESSES DU ROI	2
— LE PARC AUX CERFS	1
LE JEU DE LA REINE	1
LA JOLIE BOHÉMIENNE	1
LES LIONS DE PARIS	1
MADAME LOUISE DE FRANCE	1
MADAME DE LA SABLIÈRE	1
MADEMOISELLE DE LA TOUR DU PIN	1
LA MAIN GAUCHE ET LA MAIN DROITE	1
LA MARQUISE DE PARABÈRE	1
LA MARQUISE SANGLANTE	1
LE NEUF DE PIQUE	1
LA POUDRE ET LA NEIGE	1
LA PRINCESSE DE CONTI	1
UN PROCÈS CRIMINEL	1
UNE RIVALE DE LA POMPADOUR	1
LE SALON DU DIABLE	1
LES SECRETS D'UNE SORCIÈRE	2
LA SORCIÈRE DU ROI	2
LES SOUPERS DE LA RÉGENCE	2
LES SUITES D'UNE FAUTE	1
TROIS AMOURS	1

LE GÉNÉRAL DAUMAS

	vol.
LE GRAND DÉSERT	1

E.-J. DELÉCLUZE

	vol.
DONA OLIMPIA	1
MADEMOISELLE JUSTINE DE LIRON	1
LA PREMIÈRE COMMUNION	1

ÉDOUARD DELESSERT

	vol.
VOYAGE AUX VILLES MAUDITES	1

PAUL DELTUF

	vol.
AVENTURES PARISIENNES	1
LES PETITS MALHEURS D'UNE JEUNE FEMME	1

CHARLES DICKENS *Trad. Am. Pichot*

	vol.
CONTES DE NOEL	1
CONTES POUR LE JOUR DES ROIS	1
HISTORIETTES ET RÉCITS DU FOYER	1
LE NEVEU DE MA TANTE	2

OCTAVE DIDIER

	vol.
UNE FILLE DE ROI	1
MADAME GEORGES	1

MAXIME DU CAMP

	vol.
LE SALON DE 1857	1
LES SIX AVENTURES	1

ALEXANDRE DUMAS

	vol.
ACTÉ	1
AMAURY	1
ANGE PITOU	2
ASCANIO	2
UNE AVENTURE D'AMOUR	1
AVENTURES DE JOHN DAVYS	2
LES BALEINIERS	2
LE BATARD DE MAULÉON	3
BLACK	1
LES BLANCS ET LES BLEUS	3
LA BOUILLIE DE LA COMTESSE BERTHE	1
LA BOULE DE NEIGE	1
BRIC-A-BRAC	2
UN CADET DE FAMILLE	3
LE CAPITAINE PAMPHILE	1
LE CAPITAINE PAUL	1
LE CAPITAINE RICHARD	1
CATHERINE BLUM	1
CAUSERIES	2
CÉCILE	1
CHARLES LE TÉMÉRAIRE	2
LE CHASSEUR DE SAUVAGINE	1
LE CHATEAU D'EPPSTEIN	2
LE CHEVALIER D'HARMENTAL	2

ALEXANDRE DUMAS (*Suite*)

	vol.
LE CHEVALIER DE MAISON-ROUGE	2
LE COLLIER DE LA REINE	3
LA COLOMBE. Maître Adam le Calabrais	1
LE COMTE DE MONTE-CRISTO	6
LA COMTESSE DE CHARNY	6
LA COMTESSE DE SALISBURY	2
LES COMPAGNONS DE JEHU	3
LES CONFESSIONS DE LA MARQUISE	2
CONSCIENCE L'INNOCENT	2
CRÉATION ET RÉDEMPTION. — LE DOCTEUR MYSTÉRIEUX	2
— LA FILLE DU MARQUIS	2
LA DAME DE MONSOREAU	3
LA DAME DE VOLUPTÉ	2
LES DEUX DIANE	3
LES DEUX REINES	2
DIEU DISPOSE	2
LE DRAME DE 93	3
LES DRAMES DE LA MER	1
LES DRAMES GALANTS-LA MARQ. D'ESCOMAN	2
LA FEMME AU COLLIER DE VELOURS	1
FERNANDE	1
UNE FILLE DU RÉGENT	1
LE FILS DU FORÇAT	1
LES FRÈRES CORSES	1
GABRIEL LAMBERT	1
LES GARIBALDIENS	1
GAULE ET FRANCE	1
GEORGES	1
UN GIL BLAS EN CALIFORNIE	1
LES GRANDS HOMMES EN ROBE DE CHAMBRE — CÉSAR	2
—HENRI IV — LOUIS XIII ET RICHELIEU	2
LA GUERRE DES FEMMES	2
HISTOIRE D'UN CASSE-NOISETTE	1
LES HOMMES DE FER	1
L'HOROSCOPE	1
L'ÎLE DE FEU	2
IMPRESSIONS DE VOYAGE — EN SUISSE	5
— EN RUSSIE	4
— UNE ANNÉE A FLORENCE	1
— L'ARABIE HEUREUSE	3
— LES BORDS DU RHIN	2
— LE CAPITAINE ARÉNA	2
— LE CAUCASE	3
— LE CORRICOLO	2
— LE MIDI DE LA FRANCE	2
— DE PARIS A CADIX	2
— QUINZE JOURS AU SINAI	1
— LE SPERONARE	2
— LE VÉLOCE	2
— LA VILLA PALMIÉRI	1
INGÉNUE	2
ISABEL DE BAVIÈRE	2
ITALIENS ET FLAMANDS	2
IVANHOE de W. Scott (*Traduction*)	2
JACQUES ORTIS	1
JANE	1
JEHANNE LA PUCELLE	1
LOUIS XIV ET SON SIÈCLE	4
LOUIS XV ET SA COUR	2
LOUIS XVI ET LA RÉVOLUTION	2
LES LOUVES DE MACHECOUL	3
MADAME DE CHAMBLAY	2
LA MAISON DE GLACE	2
LE MAITRE D'ARMES	1
LES MARIAGES DU PÈRE OLIFUS	1
LES MÉDICIS	1
MES MÉMOIRES	10

ALEXANDRE DUMAS (*Suite*)

	vol.
MÉMOIRES DE GARIBALDI	2
MÉMOIRES D'UNE AVEUGLE	2
MÉMOIRES D'UN MÉDECIN (BALSAMO)	5
LE MENEUR DE LOUPS	1
LES MILLE ET UN FANTOMES	1
LES MOHICANS DE PARIS	4
LES MORTS VONT VITE	2
NAPOLÉON	1
UNE NUIT A FLORENCE	1
OLYMPE DE CLÈVES	5
LE PAGE DU DUC DE SAVOIE	2
PARISIENS ET PROVINCIAUX	2
LE PASTEUR D'ASHBOURN	2
PAULINE ET PASCAL BRUNO	1
UN PAYS INCONNU	1
LE PÈRE GIGOGNE	2
LE PÈRE LA RUINE	1
LE PRINCE DES VOLEURS	1
LA PRINCESSE DE MONACO	2
LA PRINCESSE FLORA	1
LES QUARANTE-CINQ	3
LA RÉGENCE	1
LA REINE MARGOT	3
ROBIN HOOD LE PROSCRIT	2
LA ROUTE DE VARENNES	1
LE SALTÉADOR	1
SALVATOR	5
SOUVENIRS D'ANTONY	1
LES STUARTS	1
SULTANETTA	1
SYLVANDIRE	1
LA TERREUR PRUSSIENNE	2
LE TESTAMENT DE M. CHAUVELIN	1
TROIS MAITRES	1
LES TROIS MOUSQUETAIRES	2
LE TROU DE L'ENFER	1
LA TULIPE NOIRE	1
LE VICOMTE DE BRAGELONNE	6
LA VIE AU DÉSERT	1
UNE VIE D'ARTISTE	1
VINGT ANS APRÈS	3

ALEXANDRE DUMAS FILS

	vol.
ANTONINE	1
AVENTURES DE QUATRE FEMMES	1
LA BOITE D'ARGENT	1
LA DAME AUX CAMÉLIAS	1
LA DAME AUX PERLES	1
DIANE DE LYS	1
LE DOCTEUR SERVANS	1
LE RÉGENT MUSTEL	1
LE ROMAN D'UNE FEMME	1
SOPHIE PRINTEMS	1
TRISTAN LE ROUX	1
TROIS HOMMES FORTS	1
LA VIE A VINGT ANS	1

GABRIEL D'ENTRAGUES

	vol.
HISTOIRES D'AMOUR ET D'ARGENT	1

XAVIER EYMA

	vol.
AVENTURIERS ET CORSAIRES	1
LES FEMMES DU NOUVEAU-MONDE	1
LES PEAUX-ROUGES	1
LE ROI DES TROPIQUES	1
LE TRÔNE D'ARGENT	1

PAUL FÉVAL

	vol.
ALIZIA PAULI	1

PAUL FÉVAL (*Suite*)

	vol.
LES AMOURS DE PARIS	2
BLANCEFLEUR	1
LE BOSSU OU LE PETIT PARISIEN	3
LE CAPITAINE SIMON	1
LES COMPAGNONS DU SILENCE	3
LES DERNIÈRES FÉES	1
LES FARFADETS DU ROI	1
LE FILS DU DIABLE	1
LES NUITS DE PARIS	1
LE ROI DES GUEUX	2
LA REINE DES ÉPÉES	1

GUSTAVE FLAUBERT

	vol.
MADAME BOVARY	2

PAUL FOUCHER

	vol.
LA VIE DE PLAISIR	1

FOURNIER ET ARNOULD

	vol.
STRUENSÉE	1

ARNOULD FRÉMY

	vol.
LES CONFESSIONS D'UN BOHÉMIEN	1

GALOPPE D'ONQUAIRE

	vol.
LE DIABLE BOITEUX AU CHATEAU	1
LE DIABLE BOITEUX A PARIS	1
LE DIABLE BOITEUX AU VILLAGE	1

ANTOINE GANDON

	vol.
LES 32 DUELS DE JEAN GIGON	1
L'ONCLE PHILIBERT	1

THÉOPHILE GAUTIER

	vol.
CONSTANTINOPLE	1
LES GROTESQUES	1

SOPHIE GAY

	vol.
ANATOLE	1
LE COMTE DE GUICHE	1
LA COMTESSE D'EGMONT	1
LA DUCHESSE DE CHATEAUROUX	1
ELLÉNORE	2
LE FAUX FRÈRE	1
LAURE D'ESTELL	1
LÉONIE DE MONTBREUSE	1
LES MALHEURS D'UN AMANT HEUREUX	1
UN MARIAGE SOUS L'EMPIRE	1
LE MARI CONFIDENT	1
MARIE DE MANCINI	1
MARIE-LOUISE D'ORLÉANS	1
LE MOQUEUR AMOUREUX	1
PHYSIOLOGIE DU RIDICULE	1
SALONS CÉLÈBRES	1
SOUVENIRS D'UNE VIEILLE FEMME	2

JULES GÉRARD

	vol.
LA CHASSE AU LION. *Dessins de G. Doré*	1

GÉRARD DE NERVAL

	vol.
LA BOHÈME GALANTE	1
LES FILLES DU FEU	1
LE MARQUIS DE FAYOLLE	1
SOUVENIRS D'ALLEMAGNE	1

ÉMILE DE GIRARDIN

	vol.
ÉMILE	1

Mme ÉMILE DE GIRARDIN

	vol.
LA CANNE DE M. DE BALZAC	1
CONTES D'UNE VIEILLE FILLE	1
LA CROIX DE BERNY (*en société avec Th. Gautier, Méry et Jules Sandeau*)	1
IL NE FAUT PAS JOUER AVEC LA DOULEUR	1
LE LORGNON	1
MARGUERITE	1
Mme LE MARQUIS DE PONTANGES	1
NOUVELLES	1
POÉSIES COMPLÈTES	1

A. DE MUSSET, DE BALZAC, G. SAND vol.
LES PARISIENNES A PARIS 1

PAUL DE MUSSET
LA BAVOLETTE 1
COYLAURENS 1

NADAR
LE MIROIR AUX ALOUETTES 1
QUAND J'ÉTAIS ÉTUDIANT 1

HENRI NICOLLE
LE TUEUR DE MOUCHES 1

JULES NORIAC
MADEMOISELLE POUCET 1

ÉDOUARD OURLIAC
LES GARNACHES 1

THEODORE PAVIE
RÉCITS DE TERRE ET DE MER 1

PAUL PERRET
LES BOURGEOIS DE CAMPAGNE 1
HISTOIRE D'UNE JOLIE FEMME 1

LAURENT PICHAT
LA PAÏENNE 1

AMÉDÉE PICHOT
LE CHEVAL-ROUGE 1
UN DRAME EN HONGRIE 1
L'ÉCOLIER DE WALTER SCOTT 1
LA FEMME DU CONDAMNÉ 1
LES POÈTES AMOUREUX 1

EDGAR POE *Trad. Ch. Baudelaire*
AVENTURES D'ARTHUR GORDON PYM . . . 1
EUREKA 1
HISTOIRES EXTRAORDINAIRES 1
HISTOIRES GROTESQUES ET SÉRIEUSES . . 1
NOUVELLES HISTOIRES EXTRAORDINAIRES . 1

F. PONSARD *de l'Acad. française*
ÉTUDES ANTIQUES 1

A. DE PONTMARTIN
CONTES D'UN PLANTEUR DE CHOUX . . 1
CONTES ET NOUVELLES 1
LA FIN DU PROCÈS 1
MÉMOIRES D'UN NOTAIRE 1
OR ET CLINQUANT 1
POURQUOI JE RESTE A LA CAMPAGNE . 1

L'ABBÉ PRÉVOST
MANON LESCAUT, précédée d'une Étude par *John Lemoinne* 1

RABELAIS
ŒUVRES COMPLÈTES publiées par *Philarète Chasles* 1

ANNE RADCLIFFE *Trad. N. Fournier*
LA FORÊT OU L'ABBAYE DE SAINT-CLAIR . 1
L'ITALIEN OU LE CONFESSIONNAL DES PÉNITENTS NOIRS 1
JULIA OU LES SOUTERRAINS DU CHATEAU DE MAZZINI . . 1
LES MYSTÈRES DU CHATEAU D'UDOLPHE . 2
LES VISIONS DU CHATEAU DES PYRÉNÉES . 4

RAOUSSET-BOULBON
UNE CONFESSION 1

B.-H. REVOIL *Traducteur*
LE DOCTEUR AMÉRICAIN 1
LES BARÊME DU NOUVEAU-MONDE . . 1

LOUIS REYBAUD
CE QU'ON PEUT VOIR DANS UNE RUE . 1
CÉSAR FALEMPIN 1
LA COMTESSE DE NAPLÉON 1
LE COQ DU CLOCHER 1

LOUIS REYBAUD *(Suite)* vol.
LE DERNIER DES COMMIS-VOYAGEURS . 1
ÉDOUARD MONGERON 1
L'INDUSTRIE EN EUROPE 1
JÉRÔME PATUROT à la recherche de la meilleure des Républiques 1
JÉRÔME PATUROT à la recherche d'une position sociale 1
MARIE BRONTIN 1
MATHIAS L'HUMORISTE 1
PIERRE MOUTON 1
LA VIE A REBOURS 1
LA VIE DE CORSAIRE 1

W. REYNOLDS
LES DRAMES DE LONDRES :
— LES FRÈRES DE LA RÉSURRECTION . 1
— LA TAVERNE DU DIABLE 1
— LES MYSTÈRES DU CABINET NOIR . 1
— LES MALHEURS D'UNE JEUNE FILLE . 1
— LE SECRET DU RESSUSCITÉ . . . 1
— LE FILS DU BOURREAU 1
— LES PIRATES DE LA TAMISE . . . 1
— LES DEUX MISÉRABLES 1
— LES RUINES DU CHATEAU DE RAVENSWORTH 1
— LE NOUVEAU MONTE-CRISTO . . . 1

RÉGINA ROCHE *Trad. N. Fournier*
LA CHAPELLE DU VIEUX CHATEAU . . 1

HIPPOLYTE RODRIGUES
LES TROIS FILLES DE LA BIBLE . . . 1

AMÉDÉE ROLLAND
LES MARTYRS DU FOYER 1

JEAN ROUSSEAU
PARIS DANSANT 1

JULES DE SAINT-FÉLIX
LE GANT DE DIANE 1
MADEMOISELLE ROSALINDE 1
SCÈNES DE LA VIE DE GENTILHOMME . 1

GEORGE SAND
ADRIANI 1
LES AMOURS DE L'AGE D'OR 1
LES BEAUX MESSIEURS DE BOIS-DORÉ . 2
LE CHATEAU DES DÉSERTES 1
LE COMPAGNON DU TOUR DE FRANCE . 1
LA COMTESSE DE RUDOLSTADT . . . 2
CONSUELLO 3
LES DAMES VERTES 1
LA DANIELLA 2
LE DIABLE AUX CHAMPS 1
LA FILLEULE 1
FLAVIE 1
HISTOIRE DE MA VIE 10
L'HOMME DE NEIGE 3
HORACE 1
ISIDORA 1
JEANNE 1
LÉLIA — Métella — Melchior — Cora . 1
LUCREZIA FLORIANI — Lavinia . . . 1
LE MEUNIER D'ANGIBAULT 1
NARCISSE 1
PAULINE 1
LE PÉCHÉ DE M. ANTOINE 2
LE PICCININO 2
PROMENADES AUTOUR D'UN VILLAGE . 1
LE SECRÉTAIRE INTIME 1
SIMON 1
TÉVÉRINO — Léone Léoni 1

COLLECTION A 50 CENTIMES

Jolis volumes format grand in-32, sur beau papier

MICHEL LÉVY FRÈRES, ÉDITEURS

COLLECTION FORMAT IN-32

1 FRANC LE VOLUME

Jolis volumes papier vélin

ÉMILE AUGIER — vol.
LES PARIÉTAIRES. Poésies 1

LE DUC D'AUMALE
LES ZOUAVES ET LES CHASSEURS A PIED. 1

H. DE BALZAC
LES FEMMES 1

THÉODORE DE BANVILLE
LES PAUVRES SALTIMBANQUES. 1
LA VIE D'UNE COMÉDIENNE. 1

GEORGES BELL
LE MIROIR DE CAGLIOSTRO 1

A. DE BELLOY
PHYSIONOMIES CONTEMPORAINES. . . . 1
PORTRAITS ET SOUVENIRS 1

ALFRED BOUGEARD
LES MORALISTES OUBLIÉS. 1

ALFRED DE BRÉHAT
LE CHÂTEAU DE KERMARIA 1
SÉRAPHINE DARISPE 1

ALFRED BUSQUET
LA NUIT DE NOEL. 1

CHAMPFLEURY
MONSIEUR DE BOISDHYVER 1

ÉMILE DESCHANEL
LE BIEN et LE MAL qu'on a dit des
enfants. 1
HISTOIRE DE LA CONVERSATION. . . . 1
LE MAL QU'ON A DIT DE L'AMOUR. . . 1

XAVIER EYMA
EXCENTRICITÉS AMÉRICAINES 1
OL. GOLDSMITH *Trad. A. Esquiros*
VOYAGE D'UN CHINOIS EN ANGLETERRE. 1

LÉON GOZLAN
UNE SOIRÉE DANS L'AUTRE MONDE . . 1

LE COMTE F. DE GRAMMONT
COMMENT ON VIENT et COMMENT ON
S'EN VA 1

CHARLES JOLIET
L'ESPRIT DE DIDEROT 1

LOUIS JOURDAN
LES PRIÈRES DE LUDOVIC. 1

E. DE LA BÉDOLLIÈRE
HISTOIRE DE LA MODE EN FRANCE . . 1

A. DE LAMARTINE
LES VISIONS. 1

SAVINIEN LAPOINTE — vol.
LES CHANSONS. 1

LARCHER ET JULIEN
CE QU'ON a dit de la FIDÉLITÉ et de
L'INFIDÉLITÉ 1

ALBERT DE LASALLE
HISTOIRE DES BOUFFES-PARISIENS. . . 1

ALFRED DE LERIS
LES VIEUX AMIS. 1
TROIS NOUVELLES ET UN CONTE. . . . 1

ALBERT LHERMITE
UN SCEPTIQUE S'IL VOUS PLAIT. . . . 1

Mme L. ARMOURY-LACOUR
ASPHODÈLES. 1
SOLITUDES. *2e édition* 1

MÉRY
LES ENFANTS DU VÉSUVE. 1
ANGLAIS ET CHINOIS. 1
HISTOIRE D'UNE COLLINE. 1

MICHELET
POLOGNE ET RUSSIE. 1

HENRY MURGER
BALLADES ET FANTAISIES. 1
PROPOS DE VILLE ET PROPOS DE THÉÂTRE. 1

EUGÈNE NOEL
RABELAIS. 1
LA VIE DES FLEURS ET DES FRUITS . 1

F. PONSARD
HOMÈRE. Poëme 1

JULES SANDEAU
OLIVIER 1

***

PARIS CHEZ MOLARD. 1

P. J. STAHL
LES BIJOUX PARLANTS. 1
L'ESPRIT DE VOLTAIRE. 1
DE L'AMOUR ET DE LA JALOUSIE. . . 1

LOUIS ULBACH
L'ÉCOLE AUX CINQ LOUIS D'OR . . . 2

LE DOCTEUR YVAN
CANTON. UN COIN DU CÉLESTE-EMPIRE. 1

MUSÉE LITTÉRAIRE CONTEMPORAIN

CHOIX DES MEILLEURS OUVRAGES DES AUTEURS MODERNES

20 Centimes la Livraison — Format In-4° à 2 colonnes

ROGER DE BEAUVOIR

	f.	c.
LE CHEVALIER DE SAINT-GEORGES	»	90
LE CHEVALIER DE CHARNY	»	20

CHARLES DE BERNARD

UN ACTE DE VERTU	»	50
L'ANNEAU D'ARGENT	»	50
UNE AVENTURE DE MAGISTRAT	»	30
LA CINQUANTAINE	»	50
LA FEMME DE QUARANTE ANS	»	50
LE GENDRE	»	50
L'INNOCENCE D'UN FORÇAT	»	30
LA PEINE DU TALION	»	30
LE PERSÉCUTEUR	»	30

CHAMPFLEURY

LES GRANDS HOMMES DU RUISSEAU	»	60

LA COMTESSE DASH

LES GALANTERIES DE LA COUR DE LOUIS XV	3	»
— LA RÉGENCE	»	90
— LA JEUNESSE DE LOUIS XV	»	90
— LES MAÎTRESSES DU ROI	»	90
— LE PARC AUX CERFS	»	90

ALEXANDRE DUMAS

ACTÉ	»	90
AMAURY	»	90
ANGE PITOU	1	80
ASCANIO	1	50
AVENTURES DE JOHN DAVYS	1	80
LES BALEINIERS	1	50
LE BATARD DE MAULÉON	2	»
BLACK	»	90
LA BOULE DE NEIGE	»	90
BRIC-A-BRAC	1	20
LE CAPITAINE PAUL	»	70
LE CAPITAINE RICHARD	»	90
CATHERINE BLUM	»	70
CAUSERIES — LES TROIS DAMES	1	30
CÉCILE	»	90
CHARLES LE TÉMÉRAIRE	1	30

ALEXANDRE DUMAS (Suite)

	f.	c.
LE CHATEAU D'EPPSTEIN	1	50
LE CHEVALIER D'HARMENTAL	1	50
LE CHEV. DE MAISON-ROUGE	1	50
LE COLLIER DE LA REINE	2	50
LA COLOMBE	»	50
LES COMPAGNONS DE JÉHU	2	10
LE COMTE DE MONTE-CRISTO	4	»
LA COMTESSE DE CHARNY	4	50
LA COMTESSE DE SALISBURY	1	50
LES CONFESSIONS DE LA MARQUISE	1	70
CONSCIENCE L'INNOCENT	1	30
LA DAME DE MONSOREAU	2	50
LA DAME DE VOLUPTÉ	1	50
LES DEUX DIANE	2	20
LES DEUX REINES	1	50
DIEU DISPOSE	1	80
LES DRAMES DE LA MER	»	70
LA FEMME AU COLLIER DE VELOURS	»	70
FERNANDE	»	90
UNE FILLE DU RÉGENT	»	90
LES FRÈRES CORSES	»	60
GABRIEL LAMBERT	»	90
GAULE ET FRANCE	»	90
UN GIL-BLAS EN CALIFORNIE	1	70
GEORGES	»	90
LA GUERRE DES FEMMES	1	65
HISTOIRE D'UN CASSE-NOISETTE	»	50
L'HOROSCOPE	»	90
IMPRESSIONS DE VOYAGE:		
UNE ANNÉE A FLORENCE	»	90
L'ARABIE HEUREUSE	2	10
LES BORDS DU RHIN	1	30
LE CAPITAINE ARÉNA	»	90
LE CORRICOLO	1	65
DE PARIS A CADIX	1	65
EN SUISSE	2	20
LE MIDI DE LA FRANCE	1	30
QUINZE JOURS AU SINAÏ	»	90
LE SPÉRONARE	1	50
LE VÉLOCE	1	65
LA VILLA PALMIÉRI	»	90
INGÉNUE	1	80
ISABEL DE BAVIÈRE	1	30

ALEXANDRE DUMAS (*Suite*)	f. c.
ITALIENS ET FLAMANDS	— 1 50
IVANHOE de Walter Scott	— 1 70
JEHANNE LA PUCELLE	— » 90
LES LOUVES DE MACHECOUL	— 2 50
MADAME DE CHAMBLAY	— 1 50
LA MAISON DE GLACE	— 1 50
MAITRE ADAM LE CALABRAIS	— » 50
LE MAITRE D'ARMES	— » 90
LES MARIAGES DU PÈRE OLIFUS	— » 70
LES MÉDICIS	— » 70
MES MÉMOIRES. (Complet)	— 8 »
— 1re série. (Séparément)	— 3 60
— 2e série. (—)	— 4 50
MÉM. DE GARIBALDI. (Complet)	— 1 30
— 1re série. (Séparément)	— » 70
— 2e série. (—)	— » 70
MÉMOIRES D'UNE AVEUGLE	— 1 70
MÉM. D'UN MÉDECIN — BALSAMO	— 4 »
LE MENEUR DE LOUPS	— » 90
LES MILLE ET UN FANTÔMES	— » 70
LES MOHICANS DE PARIS	— 3 60
LES MORTS VONT VITE	— 1 50
NOUVELLES	— » 50
UNE NUIT A FLORENCE	— » 70
OLYMPE DE CLÈVES	— 2 60
OTHON L'ARCHER	— » 50
LE PAGE DU DUC DE SAVOIE	— 1 70
PASCAL BRUNO	— » 50
LE PASTEUR D'ASHBOURN	— 1 80
PAULINE	— » 50
LA PÊCHE AUX FILETS	— » 50
LE PÈRE GIGOGNE	— 1 50
LE PÈRE LA RUINE	— » 90
LA PRINCESSE FLORA	— » 70
LES QUARANTE-CINQ	— 2 50
LA REINE MARGOT	— 1 65
LA ROUTE DE VARENNES	— » 70
LE SALTEADOR	— » 70
SALVATOR	— 4 »
SOUVENIRS D'ANTONY	— » 90
SYLVANDIRE	— » 90
LE TESTAMENT DE M. CHAUVELIN	— » 70
LES TROIS MOUSQUETAIRES	— 1 65
LE TROU DE L'ENFER	— » 90
LA TULIPE NOIRE	— » 90
LE VICOMTE DE BRAGELONNE	— 4 75
LA VIE AU DÉSERT	— 1 30
UNE VIE D'ARTISTE	— » 70
VINGT ANS APRÈS	— 2 20

ALEXANDRE DUMAS FILS	f. c.
CÉSARINE	— » 50
LA DAME AUX CAMÉLIAS	— » 90
UN PAQUET DE LETTRES	— » 50
LE PRIX DE PIGEONS	— » 50

XAVIER EYMA

LES FEMMES DU NOUVEAU-MONDE	— » 90

PAUL FÉVAL

LE BOSSU OU LE PETIT PARISIEN	— 4 »
LE FILS DU DIABLE	— 4 »
LE TUEUR DE TIGRES	— » 90

CHARLES HUGO

LA BOHÈME DORÉE	— 1 50

CH. JOBEY

L'AMOUR D'UN NÈGRE	— » 90

ALPHONSE KARR

FORT EN THÈME	— » 70
LA PÉNÉLOPE NORMANDE	— » 90
SOUS LES TILLEULS	— » 90

A. DE LAMARTINE

LES CONFIDENCES	— » 90
L'ENFANCE	— » 30
GENEVIÈVE. Hist. d'une Servante	— » 70
GRAZIELLA	— 1 60
LA JEUNESSE	— » 30
RÉGINA	— » 50

FÉLIX MAYNARD

L'INSURRECTION DE L'INDE. De Delhi à Cawnpore	— » 70

MÉRY

UN ACTE DE DÉSESPOIR	— » 50
LE BONHEUR D'UN MILLIONNAIRE	— » 50
LE CHATEAU DES TROIS TOURS	— » 70
LE CHATEAU D'UDOLPHE	— » 50
UNE CONSPIRATION AU LOUVRE	— » 90
LE DIAMANT A MILLE FACETTES	— » 60
HISTOIRE DE CE QUI N'EST PAS ARRIVÉ	— » 50
LES NUITS ANGLAISES	— » 90
LES NUITS ITALIENNES	— » 90
SIMPLE HISTOIRE	— » 70

EUGÈNE DE MIRECOURT .c.

LES CONFESSIONS DE MARION DELORME.	3	70
LES CONFESSIONS DE NINON DE LENCLOS.	— 3	70

HENRY MURGER

LES AMOURS D'OLIVIER	— »	30
LE BONHOMME JADIS.	— »	30
MADAME OLYMPE.	— »	50
LA MAITRESSE AUX MAINS ROUGES	— »	30
LE MANCHON DE FRANCINE.	— »	30
SCÈNES DE LA VIE DE BOHÈME.	— »	90
LE SOUPER DES FUNÉRAILLES.	— »	50

GEORGE SAND

ADRIANI	— »	90
LA DANIELLA	— 1	80
LE DIABLE AUX CHAMPS.	— »	90
ELLE ET LUI.	— »	90
LA FILLEULE.	— »	90
L'HOMME DE NEIGE.	— 2	20
JEAN DE LA ROCHE	— 1	30
LES MAÎTRES SONNEURS	— 1	10
LE MARQUIS DE VILLEMER.	— 1	30
MONT-REVÊCHE.	— 1	30
NARCISSE	— »	90

JULES SANDEAU

SACS ET PARCHEMINS.	— »	90

SCRIBE

PROVERBES.	— »	70

FRÉDÉRIC SOULIÉ

AU JOUR LE JOUR.	— »	70
AVENT. DE SATURNIN FICHET.	— 1	30
LE BANANIER.	— »	50
LA COMTESSE DE MONRION.	— »	70
CONFESSION GÉNÉRALE.	— 1	80
LES DEUX CADAVRES.	— »	70
LES DRAMES INCONNUS.	— 2	50
— LA MAISON N° 3, RUE DE PROVENCE.	— »	70
— LES AVENTURES D'UN CADET DE FAMILLE	— »	70
— LES AMOURS DE VICTOR BONSANE.	— »	70
— OLIVIER DUHAMEL.	— »	70

FRÉDÉRIC SOULIÉ (Suite) 1. c.

EULALIE PONTOIS.	— »	30
LES FORGERONS.	— »	70
HUIT JOURS AU CHATEAU.	— »	70
LE LION AMOUREUX.	— »	30
LA LIONNE.	— »	70
LE MAITRE D'ÉCOLE.	— »	50
MARGUERITE.	— »	50
LES MÉMOIRES DU DIABLE.	— 2	»
LE PORT DE CRETEIL.	— »	70
LES QUATRE NAPOLITAINES.	— 1	50
LES QUATRE SŒURS.	— »	50
SI JEUNESSE SAVAIT, SI VIEILLESSE POUVAIT.	— 1	50

ÉMILE SOUVESTRE

DEUX MISÈRES.	— »	90
L'HOMME ET L'ARGENT.	— »	70
JEAN PLÉBEAU.	— »	50
LE MENDIANT DE SAINT-ROCH.	— »	70
PIERRE LANDAIS	— »	50
LES RÉPROUVÉS ET LES ÉLUS.	— 1	50
SOUVENIRS D'UN BAS-BRETON.	— 1	50

EUGÈNE SUE

LA BONNE AVENTURE.	— 1	50
LE DIABLE MEDECIN.	— 2	70
— LA FEMME SEPARÉE DE CORPS ET DE BIENS	— »	90
— LA GRANDE DAME.	— »	50
— LA LORETTE	— »	30
— LA FEMME DE LETTRES	— »	90
— LA BELLE FILLE	— »	50
LES FILS DE FAMILLE.	— 2	70
GILBERT ET GILBERTE.	— 2	70
LES MÉMOIRES D'UN MARI.	— 2	70
— UN MARIAGE DE CONVENANCES.	— 1	50
— UN MARIAGE D'ARGENT	— »	90
— UN MARIAGE D'INCLINATION.	— »	50
LES SECRETS DE L'OREILLER.	— 2	20
LES SEPT PÉCHÉS CAPITAUX.	— 5	»
— L'ORGUEIL	— 1	50
— L'ENVIE.	— »	90
— LA COLÈRE.	— »	70
— LA LUXURE.	— »	70
— LA PARESSE	— »	50
— L'AVARICE.	— »	50
— LA GOURMANDISE	— »	50

VALOIS DE FORVILLE

LE CONSCRIT DE L'AN VIII.	— »	30

BROCHURES DIVERSES

ÉMILE AUGIER f. c.

DISCOURS DE RÉCEPTION A L'ACADÉMIE FRANÇAISE ..... 1 »

LE DUC D'AUMALE

LA QUESTION ALGÉRIENNE à propos de la lettre adressée par l'Empereur au maréchal de Mac-Mahon. ..... 1 »

LOUIS BLANC

LA RÉVOLUTION DE FÉVRIER AU LUXEMBOURG. ..... 1 »

BLANQUI et ÉMILE DE GIRARDIN

DE LA LIBERTÉ DU COMMERCE ET DE LA PROTECTION DE L'INDUSTRIE. . 2 »

H. BLAZE DE BURY

M. LE COMTE DE CHAMBORD — UN MOIS A VENISE. ..... 1 »

BONNAL

ABOLITION DU PROLÉTARIAT. ..... 1 »

LA FORCE ET L'IDÉE. ..... 1 »

G. BOULLAY

RÉORGANISATION ADMINISTRATIVE. .. 1 »

CHAMPFLEURY

RICHARD WAGNER ..... » 50

GUSTAVE CHAUDEY

DE L'ÉTABLISSEMENT DE LA RÉPUBLIQUE 1 »

RENÉ CLÉMENT

ÉTUDE SUR LE THÉATRE ANTIQUE. . 1 »

ATHANASE COQUEREL FILS

LE BON SAMARITAIN, sermon prêché en 1864, dans les églises de Lusignan et de Reims. ..... » 50

LE CATHOLICISME ET LE PROTESTANTISME considérés dans leur origine et leur développement. ..... 1 »

LES CHOSES ANCIENNES ET LES CHOSES NOUVELLES, sermon prononcé en 1864, dans les églises de Poitiers, Reims, Nîmes, Montpellier, Montauban et Lyon. ..... » 50

L'ÉGOÏSME DEVANT LA CROIX, sermon sur Luc, prêché dans les églises de Vauvert, Anduze, Sommières, Uzès et Clairac. ..... » 50

PROFESSION DE FOI CHRÉTIENNE. ... » 50

LA SCIENCE ET LA RELIGION, sermon prêché en 1864, dans les églises de Nîmes et de Dieppe. ..... » 50

SERMON D'ADIEU prêché dans l'église de l'Oratoire. ..... » 50

L. COUTURE

DU BONAPARTISME DANS L'HISTOIRE DE FRANCE. ..... 1 »

DU GOUVERNEMENT HÉRÉDITAIRE EN FRANCE. 1 50

UN CURÉ

A NOTRE SAINT-PÈRE LE PAPE ..... 1 »

CHARLES DIDIER

QUESTION SICILIENNE. ..... 1 »

UNE VISITE AU DUC DE BORDEAUX. 1 »

ERNEST DESJARDINS

NOTICE SUR LE MUSÉE NAPOLÉON III et promenade dans les galeries. » 50

DUFAURE

DU DROIT AU TRAVAIL ..... » 15

ALEXANDRE DUMAS

RÉVÉLATIONS SUR L'ARRESTATION D'ÉMILE THOMAS ..... » 50

ALEXANDRE DUMAS FILS f. c.

UNE LETTRE SUR LES CHOSES DU JOUR 1 »

NOUVELLE LETTRE DE JUNIUS A SON AMI A.-D, révelations sur les principaux personnages de la guerre actuelle. 4e édition... 2 »

ADRIEN DUMONT

LES PRINCIPES DE 1789 ..... 1 »

LÉON FAUCHER

LE CRÉDIT FONCIER ..... » 30

OCTAVE FEUILLET

DISCOURS DE RÉCEPTION A L'ACADÉMIE FRANÇAISE ..... 1 »

LE MARQUIS DE GABRIAC

DE L'ORIGINE DE LA GUERRE D'ITALIE. 1 »

ÉMILE DE GIRARDIN

L'ABOLITION DE L'AUTORITE. ... 1 »

ABOLITION DE L'ESCLAVAGE MILITAIRE. 1 »

AVANT LA CONSTITUTION ..... » 50

LA CONSTITUANTE ET LA LÉGISLATIVE. 1 »

LE DROIT DE TOUT DIRE. ..... 1 »

L'ÉQUILIBRE FINANCIER PAR LA RÉFORME ADMINISTRATIVE ..... 1 »

L'EXPROPRIATION ABOLIE PAR LA DETTE FONCIÈRE CONSOLIDÉE ..... 2 »

LE GOUVERNEMENT LE PLUS SIMPLE. 1 »

JOURNAL D'UN JOURNALISTE AU SECRET. 1 »

LA NOTE DU XIV DÉCEMBRE. ..... 1 »

L'ORNIÈRE DES RÉVOLUTIONS. ..... 1 »

LA PAIX. 2e édition ..... 1 »

RESPECT DE LA CONSTITUTION. ..... 1 »

LE SOCIALISME ET L'IMPOT ..... 1 »

SOLUTION DE LA QUESTION D'ORIENT. » 50

GLADSTONE

DEUX LETTRES au lord Aberdeen sur les poursuites politiques exercées par le gouvernement napolitain. ..... 1 »

JULES GOUACHE

LES VIOLONS DE M. MARCAST. ..... » 50

EUGÈNE GRANGÉ

LES VERSAILLAISES, chansons. ..... 1 »

LE COMTE D'HAUSSONVILLE

CONSULTATION DE MM. LES BATONNIERS DE L'ORDRE DES AVOCATS. . 1 »

LETTRE AUX BATONNIERS DE L'ORDRE DES AVOCATS. ..... 1 »

M. DE CAVOUR ET LA CRISE ITALIENNE. 1 »

LÉON HEUZEY

CATALOGUE DE LA MISSION DE MACÉDOINE ET DE THESSALIE. ..... » 50

VICTOR HUGO ET CRÉMIEUX

DISCOURS SUR LA PEINE DE MORT (Procès de l'Evénement). ..... 1 »

LOUIS JOURDAN

LA GUERRE A L'ANGLAIS. 2e édit. . 1 »

LAMARTINE

DU DROIT AU TRAVAIL. ..... » 30

LETTRE AUX DIX DEPARTEMENTS. . » 30

LA PRÉSIDENCE. ..... » 30

DU PROJET DE CONSTITUTION ..... » 30

UNE SEULE CHAMBRE. ..... » 30

ÉDOUARD LEBOIRE

ABDICATION DU ROI LOUIS-PHILIPPE. » 55

JOHN LEMOINNE

AFFAIRES DE ROME ..... 1 »

LES FIGURES DU TEMPS

NOTICES BIOGRAPHIQUES

Par LEMERCIER DE NEUVILLE. Brochures grand in-48, avec des Photographies
DE PIERRE PETIT

ROBERT HOUDIN. 1 fr. | LA PATTI. . . . . 1 fr.

L'UNIVERS ILLUSTRÉ

JOURNAL PARAISSANT LE SAMEDI

Chaque numéro contient 16 pages format in-folio (8 de texte et 8 de gravures)

PRIX : 30 CENTIMES LE NUMÉRO

ABONNEMENT : UN AN, 20 FR. — SIX MOIS, 10 FR.

— Pour plus de détails, demander le prospectus —

LE JOURNAL DU DIMANCHE

LITTÉRATURE — HISTOIRE — VOYAGES — MUSIQUE

26 vol. sont en vente. Chaque vol. format in-4, orné de 104 gravures. Prix : 3 fr.

LE JOURNAL DU JEUDI

LITTÉRATURE — HISTOIRE — VOYAGES

20 vol. sont en vente. Chaque vol. format in-4, orné de 104 gravures. Prix : 3 fr

LES BONS ROMANS

CHEFS-D'ŒUVRE DE LA LITTÉRATURE CONTEMPORAINE

PAR VICTOR HUGO, ALEXANDRE DUMAS, GEORGE SAND, LAMARTINE, ALFRED DER MUSSET, EUGÈNE SUE, FRÉDÉRIC SOULIÉ, ALPHONSE KARR, CH. DE BERNARD, ALEX. DUMAS FILS, HENRY MURGER, HENRI CONSCIENCE, PAUL FÉVAL, ÉMILE SOUVESTRE, ETC., ETC.

21 vol. sont en vente. Chaque volume, format in-4, orné de 104 gravures. Prix : 3 f.

BIBLIOTHÈQUE DE TOUT LE MONDE

COLLECTION DES MEILLEURS ROMANS DES AUTEURS CONTEMPORAINS

20 vol. in-4 avec 2000 gravures environ. Prix : 60 fr.

DICTIONNAIRE DES NOMS PROPRES

OU ENCYCLOPÉDIE ILLUSTRÉE

DE BIOGRAPHIE, DE GÉOGRAPHIE, D'HISTOIRE ET DE MYTHOLOGIE

Par B. Dupiney de Vorepierre

L'ouvrage, imprimé sur papier de luxe et avec des caractères neufs, formera deux volumes grgrand in-4, publiés en 160 livraisons, et sera enrichi

DE 400 CARTES OU PLANS, DE 2000 PORTRAITS ET DE 2000 GRAVURES

Représentant des vues de villes, monuments ou sites remarquables, des types de races, etc.

50 centimes la livraison. — Chaque livraison se compose de deux feuilles de texte et contient presque la matière d'un volume in-8°

DICTIONNAIRE FRANÇAIS ILLUSTRÉ

ET ENCYCLOPÉDIE UNIVERSELLE

Ouvrage qui peut tenir lieu de tous les vocabulaires et de toutes les encyclopédies

ENRICHI DE 20,000 FIG. GRAVÉES SUR CUIVRE PAR LES MEILLEURS ARTISTES

Dirigé par B. Dupiney de Vorepierre

ET RÉDIGÉ PAR UNE SOCIÉTÉ DE SAVANTS ET DE GENS DE LETTRES :

160 livraisons à 50 centimes. Chaque livraison est composée de deux feuilles de texte et contient la matière d'un volume in-8 ordinaire. L'ouvrage, composé en caractères entièrement neufs et imprimé sur papier de luxe, forme deux magnifique volumes in-4 . . . . Prix, broché, 60 fr.

Demi-reliure chagrin, plats toile . . . . Prix . . . . . 22 fr.

Imprimerie D. Poison et Cie à Saint-Germain.

MICHEL LÉVY FRÈRES, ÉDITEURS

DERNIERS OUVRAGES PUBLIÉS FORMAT GRAND IN-18

à 3 francs le volume

	vol.
GEORGE SAND	
Journal d'un Voyageur pendant la guerre, 3e *édition*	1
Césarine Dietrich, 3e *édition*	1
PAUL DE SAINT-VICTOR	
Barbares et Bandits. — La Prusse et la Commune, 3e *édition*	1
LE PRINCE DE JOINVILLE	
Études sur la marine et récits de guerre, avec carte	2
C. A. SAINTE-BEUVE	
Nouveaux Lundis	13
Portraits contemporains. *Nouvelle édition, revue, corrigée et très-augmentée*	5
Chateaubriand et son groupe littéraire sous l'Empire. *Nouvelle édition, revue, corrigée et augmentée*	2
OCTAVE FEUILLET	
M. de Camors, 13e *édition*	1
HECTOR MALOT	
Madame Obernin, 2e *édition*	1
F. BUNGENER	
Pape et concile au XIXe siècle	1
ALPHONSE KARR	
La Queue d'Or, 2e *édition*	1
La Promenade des Anglais	1
A. DE PONTMARTIN	
Le Radeau de la Méduse, 2e *édition*	1
Nouveaux Samedis	7
EDMOND DE PRESSENSÉ	
Les Leçons du 18 Mars, 2e *édition*	1
JULES JANIN	
L'Interné, 2e *édition*	1
MAURICE SAND	
Mademoiselle Azote	1
VICTOR HUGO	
En Zélande, 2e *édition*	1
ALEXANDRE DUMAS FILS	
Théâtre complet; *avec préfaces inédites*	4
Affaire Clémenceau, 12e *édition*	1

	vol.
AUGUSTIN THIERRY	
OEuvres complètes, *Nouv. édition*	5
ERNEST FEYDEAU	
Les Amours tragiques	1
CHARLES BAUDELAIRE	
Arthur Gordon Pym. — Eurêka (*traduction d'Edgar Poe*)	1
MARIE ALEXANDRE DUMAS	
Madame Benoît, 2e *édition*	1
Le Mari de madame Benoît	1
PREVOST-PARADOL	
La France nouvelle, 11e *édition*	1
ALEXANDRE DUMAS	
Histoire de mes Bêtes, 2e *édition*	1
CUVILLIER-FLEURY	
Études et Portraits	2
HENRI HEINE	
Satires et Portraits	1
Allemands et Français	1
LA COMTESSE DASH	
Un Secret de Famille	1
Le Fils du Faussaire	1
EUGÈNE DE MIRECOURT	
Comment les Femmes se perdent	1
La Marquise de Courcelles	1
GÉRARD DE NERVAL	
Le Rêve et la Vie	1
MARIO UCHARD	
Jean de Chazol, 2e *édition*	1
JULES NORIAC	
Les Gens de Paris	1
LE BARON DE BAZANCOURT	
Le Chevalier de Chabriac	1
PAUL JANET	
Philosophie du Bonheur, 3e *édition*	1
ALFRED DE BRÉHAT	
Les Maîtresses du Diable	1
LA COMTESSE DE BOIGNE	
Une Passion dans le grand monde, 2e *édition*	2
La Maréchale d'Aubemer	1

CLICHY. — Impr. P. Dupont et Cie, rue du Bac-d'Asnières, 12.